lernserver
Interaktive Förderdiagnostik

Rechtschreibung verstehen und üben
Klasse 2/3

Fördermappe 6: Dehnung

Lernserver der Uni Münster
Interaktive Förderdiagnostik

Auer

Prof. Dr. Friedrich Schönweiss
Abteilung Neue Technologien im Bildungs- und Sozialwesen/Medienpädagogik
Fachbereich Erziehungswissenschaft und Sozialwissenschaften (Inst. III)
Universität Münster
Georgskommende 33
48143 Münster

Adresse/Kontakt:
Lernserver der Uni Münster – Interaktive Förderdiagnostik
Prof. Schönweiss und Team
Georgskommende 33, C 122
48143 Münster
Tel.: 0251-83 28409
Fax: 0251-83 21206
www.lernserver.de
info@lernserver.de

Autorin: Petra Schönweiss, Münster
Illustration: Imke Stotz und Stephan Rürup
Design und Druckvorbereitung: cows online Medienagentur, Rheine
Herausgeber: Friedrich Schönweiss

© 2005 by Friedrich Schönweiss, Münster

Gedruckt auf umweltbewusst gefertigtem, chlorfrei gebleichtem
und alterungsbeständigem Papier

1. Auflage 2006
© by Auer Verlag GmbH, Donauwörth
Alle Rechte vorbehalten.
Das Werk und seine Teile sind urheberrechtlich geschützt. Jede Nutzung in anderen als den gesetzlich zugelassenen Fällen bedarf der vorherigen schriftlichen Einwilligung des Verlages.
Hinweis zu § 52 a UrhG: Weder das Werk noch seine Teile dürfen ohne eine solche Einwilligung eingescannt und in ein Netzwerk gestellt werden. Dies gilt auch für Intranets von Schulen und sonstigen Bildungseinrichtungen.
Gesamtherstellung: Ludwig Auer GmbH, Donauwörth
ISBN 978-3-403-0**4630**-1
ISBN 3-403-0**4630**-3

www.auer-verlag.de

Inhaltsverzeichnis

lernserver • www.lernserver.de • info@lernserver.de • ☎ (0251) 83-28409

© Uni Münster • Prof. Dr. F. Schönweiss & Team
Auer Verlag GmbH, Donauwörth

Liebe Kinder,

natürlich kennt ihr alle die Wörter „Zahl“, „Tal“ und „Saal“. Aber wisst ihr auch, warum diese Wörter so und nicht anders geschrieben werden? Das eine Mal ist zusätzlich zum „a“ ein „h“ dabei, ein anderes Mal ein zweites „a“ und bei „Tal“ bleibt es bei einem „a“. Wenn ihr aber die drei Wörter sprecht, klingt das „a“ immer gleich: „Zahl“, „Tal“ und „Saal“. Da kann man sich schon fragen, was denn das alles soll.
Die Erwachsenen haben sich das aber nicht ausgedacht, nur um euch zu ärgern. Sie haben ja manchmal selbst ihre liebe Mühe damit.

Manche Kinder (und sogar auch viele Erwachsene) denken, dass es da nur eine Lösung gibt: Man muss sich dann eben alle Wörter auswendig merken. Das wäre aber ein schöner Unsinn. Natürlich muss man sich auch vieles merken. Aber noch besser ist es, wenn man das clever macht. Wir wollen euch dabei helfen, nur das Nötigste auswendig lernen zu müssen. Für vieles gibt es nämlich Regeln, die man leicht verstehen kann. Allerdings gibt es gerade beim Thema „Dehnung“ eine ganze Menge von Ausnahmen. Leider. Es ist aber viel weniger zu lernen, wenn man sich diese Ausnahmen zu merken versucht, als gleich alles nur stur zu pauken.

Zugegeben: Die Dehnung ist schon ein hartes Stück Arbeit. Ihr müsst aber bedenken, dass alles, was ihr jetzt lernt, euch für immer gehört. Und eines können wir euch versprechen: Wenn ihr euch jetzt etwas anstrengt, tut ihr euch die ganzen nächsten Jahre in der Schule viel, viel leichter. Und die Noten sind auch entsprechend besser.

lernserver • www.lernserver.de • info@lernserver.de • ☎ (0251) 83-28409

© Uni Münster • Prof. Dr. F. Schönweiss & Team
Auer Verlag GmbH, Donauwörth

In dieser Fördermappe findet ihr also alles, was ihr zum Thema Dehnung braucht: Erklärungen, Übungen, Lösungen. Auch für euere Lehrer und Eltern sind viele Hinweise dabei. Es ist nämlich am besten, sie helfen euch ein bisschen.
Ganz wichtig ist aber, dass ihr zuvor die Fördermappe zum Thema „Betonung" durchgearbeitet habt!

Es kann gut sein, dass euch noch andere, bessere Erklärungen oder Tipps einfallen als uns. Dann wäre es sehr schön, wenn ihr uns diese zusendet, damit wir sie den anderen Kindern zeigen können.

Überhaupt würden wir uns sehr freuen, wenn ihr uns ab und zu etwas von euch schickt, z.B. ausgedachte Geschichten oder Abenteuer, die ihr wirklich erlebt habt, oder euere Lieblingswitze.

Wir wünschen euch viel Erfolg beim Erobern der Rechtschreibung!

Viele Grüße,
euer Lernserver-Team

lernserver • www.lernserver.de • info@lernserver.de • (0251) 83-28409

© Uni Münster • Prof. Dr. F. Schönweiss & Team
Auer Verlag GmbH, Donauwörth

Liebe Lehrer, liebe Eltern!

Mit unseren Fördermappen möchten wir Sie dabei unterstützen, die Gehversuche Ihrer Kinder auf dem Weg zur Schrift kompetent und erfolgreich zu begleiten. Dabei sind „Fördern“ und „Fordern“ auf dem Gebiet von Bildung und Lernen die beiden Seiten ein und derselben Medaille. Das Fördermaterial kann also nie gut genug sein, für schwächere Kinder ebenso wie für diejenigen, die sich nun einmal etwas leichter tun. Die vorliegenden Fördermappen stellen Ihnen die Quintessenz unserer Erfahrungen kompakt und leicht vermittelbar zugleich zur Verfügung. Damit können Sie Kindern effektiv, prägnant und unterhaltsam das ABC der Rechtschreibung vermitteln.

Der Erfolg der Lernserver-Didaktik beruht maßgeblich darauf, dass wir versuchen, die Kinder möglichst ernst zu nehmen, d.h. sie anzuregen, ihren Verstand zu gebrauchen. Natürlich sind Üben und Auswendiglernen unverzichtbar; erst aber das Verstehen und Durchschauen der wichtigsten Prinzipien ermöglicht den souveränen Umgang mit der eigenen Sprache. Es ist deshalb bereits viel gewonnen, wenn es Ihnen gelingt, im Gespräch mit den Kindern die einzelnen Abschnitte samt den jeweiligen orthographischen Prinzipien gemeinsam zu erarbeiten. Wichtig wäre also, den verbreiteten Hang der Kinder zum möglichst raschen „Abarbeiten“ der einzelnen Aufgaben und Arbeitsblätter zu durchbrechen. Sie sollen tunlichst verstehen und ein Gespür dafür bekommen (wollen), worum es beim betreffenden Lernschritt geht, anstatt ihn lediglich abzuhaken.

Übrigens ist es letztlich auch sehr viel effektiver, die durchaus überschaubaren Grundregeln zu studieren und sie sich samt den unvermeidlichen Ausnahmen zu Gemüte zu führen, als begriffslos Tausende von Wörtern pauken zu müssen. Ein selbstständiges Nutzen von Sprache oder gar das kreative Spielen mit ihr lässt sich jedenfalls nicht über das Ausreizen von Gedächtnisleistungen und Merkfähigkeiten erzwingen. Und die meisten Kinder würden dabei wieder einmal durcheinander kommen und letztlich auf der Strecke bleiben, sind sich doch die Schriftbilder viel zu ähnlich und erscheinen willkürlich, wenn ihr Sinn nicht gewusst wird: Zimmer, Zimer, Zihmer oder Ziehmer? Wohnung, Wonung, Woonung oder Wonnung? Umgekehrt lassen sich dann aber selbst unbekannte Wörter erschließen und konstruieren.

Die Fördermappen unterteilen sich in

a) das eigentliche Fördermaterial,
b) eine kleine Regelkunde für Kinder,
c) Hinweise für Lehrer und Eltern und
d) Lösungen zu den Arbeitsblättern.

lernserver • www.lernserver.de • info@lernserver.de • ☎ (0251) 83 - 28409

© Uni Münster • Prof. Dr. F. Schönweiss & Team
Auer Verlag GmbH, Donauwörth

a) Die **Fördermaterialien**
umfassen vor allem Arbeitsblätter, die sich jeweils einem kleinen Lernschritt widmen. Geordnet und nummeriert nach Schwierigkeitsgrad, bauen sie aufeinander auf und werden ergänzt durch passende Übungs- und Spielanregungen (zum Teil auch zum Selberbasteln). Sofern sichergestellt ist, dass die Kinder die betreffende Aufgabenstellung verstanden haben, können die meisten Arbeitsblätter durchaus auch von ihnen allein bewältigt werden.

b) Die **Regelkunde für Kinder**
fasst in einfachen Worten knapp und bündig das Gelernte zusammen. Sie dient so zum Nachschlagen und Wiederholen.

c) Die **Hinweise für Lehrer und Eltern**
stellen in kompakter Form das für den betreffenden Themenbereich erforderliche Grundlagen-Wissen zusammen. Vertiefende Erklärungen, didaktische und methodische Hinweise sowie weitere Spiele und einschlägige Wortlisten helfen dabei, das eigene Wissen aufzufrischen und sich schnell und komprimiert auf die Förderung vorzubereiten.

d) Die **Lösungen zu den Arbeitsblättern**
finden sich am Schluss der Fördermappen. Sie können auch zur Selbst- oder Partnerkontrolle eingesetzt werden. Auch enthalten sie immer wieder wichtige Hinweise, die sich auf das betreffende Aufgabenblatt beziehen.

Der Erfolg Ihrer Bemühungen wird umso größer sein, je mehr es Ihnen möglich ist, die Förderung des Kindes bzw. der Schüler zu einer gemeinsamen Sache werden zu lassen. Zumindest sollte eine Lehrkraft oder ein Elternteil begleitend zur Seite stehen und bei Fragen Hilfestellung geben können, damit Anweisungen oder Erklärungen verstanden werden und sich nicht Irrtümer festsetzen.

Bitte beachten Sie:
Damit die Themenbereiche „Dopplung" (Fördermappe 4), „S-Laute" (Fördermappe 5) und „Dehnung" (Fördermappe 6) erfolgreich erarbeitet werden können, sollte unbedingt vorher das Thema „Betonung" durchgenommen worden sein.

Wir wünschen nun Ihnen, Ihren Kindern und Schülern viel Freude beim gemeinsamen Erobern der Sprache und ihrer einzelnen Feinheiten.

Petra Schönweiss
Prof. Dr. Friedrich Schönweiss und Team

lernserver • www.lernserver.de • info@lernserver.de • (0251) 83-28409

lernserver
Interaktive Förderdiagnostik

Übungen zum Dehnungs-h

lernserver • www.lernserver.de • info@lernserver.de • ☎ (0251) 83-28409

Dehnungs-h: Vorübung, Reime finden

Name: ....

Datum: ....

Immer zwei Wörter reimen sich. Findest du sie? Ordne sie in die richtigen Zeilen. Fällt dir etwas auf?

Fohlen kühl lahm
Sohn dehnen Mohn Ohr
fühlen johlen nachahmen zahm
Möhre Röhre Rahmen sehnen Rohr

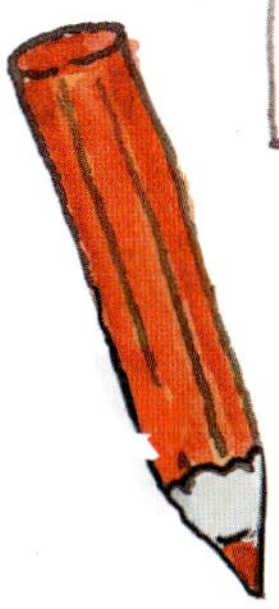

hm:

hl:

hn:

hr:

lernserver • www.lernserver.de • info@lernserver.de • ☎ (0251) 83-28409

© Uni Münster • Prof. Dr. F. Schönweiss & Team
Auer Verlag GmbH, Donauwörth

Wörter mit Dehnungs-h schreiben

Name: ....

Datum: ....

Der kleine Schlingel Abermakaber hat die Namenwörter mit h in den Sätzen vertauscht. Lies leise:

1. Der Zahn steht an der Tafel.
2. Der Lehrer ist umgefallen.
3. Das Huhn geht falsch.
4. Die Uhr tut weh.
5. Die Sahne hat Verspätung.
6. Die Eisenbahn scharrt in der Erde nach Würmern.
7. Der Lehm schmeckt zum Kuchen wunderbar.
8. Der Stuhl klebt an meinen Stiefeln.

Wie muss es richtig heißen? Schreibe die Sätze auf und male das Dehnungs-h und den folgenden Mitlaut bunt an:

1. ______________________________

2. ______________________________

3. ______________________________

4. ______________________________

5. ______________________________

6. ______________________________

7. ______________________________

8. ______________________________

lernserver • www.lernserver.de • info@lernserver.de • ☎ (0251) 83-28409

© Uni Münster • Prof. Dr. F. Schönweiss & Team
Auer Verlag GmbH, Donauwörth

l, m, n, r-Regel und Lückenwörter

Name: ....

Datum: ....

Merke dir zum stummen Dehnungs-h:

> **Es steht nur,**
> **wenn du nach einem langen betonten Selbstlaut ein**
> **l, m, n oder r hörst.**

Achte auf l, m, n oder r nach dem langen Selbstlaut: Nur dann musst du das Dehnungs-h einsetzen.

der Za___n

das Ja___r

der Ka___ter

der Fe___ler

der Na___gel

der Le___rer

die Ba___n

der Ra___sen

fa___ren

das O___r

die U___r

lernserver • www.lernserver.de • info@lernserver.de • ☎ (0251) 83-28409

© Uni Münster • Prof. Dr. F. Schönweiss & Team
Auer Verlag GmbH, Donauwörth

l, m, n, r-Regel und Wortdiktat

Name: ....

Datum: ....

l - m - n - r

Wortdiktat:

Denke an l, m, n, r! Nur wenn du einen von diesen Buchstaben nach dem langen betonten Selbstlaut hören kannst, musst du ein Dehnungs-h schreiben.

____

____

____

____

____

____

____

____

____

lernserver • www.lernserver.de • info@lernserver.de • ☎ (0251) 83-28409

© Uni Münster • Prof. Dr. F. Schönweiss & Team
Auer Verlag GmbH, Donauwörth

l, m, n, r-Regel und Zeitwörter

Name: ....

Datum: ....

Das Dehnungs-h bleibt auch in veränderten Formen erhalten.

Bilde mit den Zeitwörtern die Gegenwart:

fahren:	Ich **fahre** mit dem Zug.
wohnen:	Du ____________________ noch nicht lange hier.
gähnen:	Er ____________________, weil er müde ist.
fehlen:	Sie ____________________ schon seit einer Woche.
rühren:	Du ____________________ den Teig für einen Kuchen.
kehren:	Sie ____________________ die Küche aus.
versöhnen:	Er ____________________ sich mit seinem Bruder.
führen:	Ich ____________________ meine Hund aus.

lernserver • www.lernserver.de • info@lernserver.de • ☎ (0251) 83-28409

© Uni Münster • Prof. Dr. F. Schönweiss & Team
Auer Verlag GmbH, Donauwörth

lernserver
Interaktive Förderdiagnostik

l, m, n, r-Regel und Wortverwandte

Name: ....

Datum: ....

Das Dehnungs-h findest du auch bei Wortverwandten wieder, zum Beispiel

Sahne → sahnig, absahnen, Schlagsahne

Achte aber bei Zeitwörtern darauf, ob der betonte Selbstlaut in anderen Formen wirklich lang ist, denn nur dann bleibt das Dehnungs-h erhalten.

Finde Wortverwandte zu folgenden Wörtern (du kannst gerne ein Wörterbuch benutzen):

das Jahr: ____________________

die Zahl: ____________________

wohnen: ____________________

fühlen: ____________________

das Huhn: ____________________

rühren: ____________________

nehmen: ____________________

Vorsicht: Bei „nehmen" musst du gut aufpassen, ob der betonte Selbstlaut bei deinen Wortverwandten wirklich lang bleibt! Sonst musst du sogar doppeln!

lernserver • www.lernserver.de • info@lernserver.de • (0251) 83-28409

© Uni Münster • Prof. Dr. F. Schönweiss & Team
Auer Verlag GmbH, Donauwörth

lernserver
Interaktive Förderdiagnostik

l, m, n, r-Regel und Vorsilben

Name: ....

Datum: ....

Du siehst im Kästchen viele Vorsilben.
Bilde mit ihnen und den Zeitwörtern sinnvolle Wörter.

	ab-	**mit-**	**durch-**	**über-**	
auf-	**an-**	**aus-**	**fort-**	**ein-**	**be-**

-nehmen:

abnehmen, mitnehmen, ______________________________

____

-fühlen:

____

____

-rühren:

____

____

-fahren:

____

____

lernserver • www.lernserver.de • info@lernserver.de • (0251) 83-28409

© Uni Münster • Prof. Dr. F. Schönweiss & Team
Auer Verlag GmbH, Donauwörth

l, m, n, r-Regel und Vorsilben

Name: ....

Datum: ....

Trenne die Vorsilbe ab und bilde mit dem Restwort einen Satz. Unterstreiche den betonten Selbstlaut und male das Dehnungs-h und den folgenden Mitlaut bunt nach.

<u>Ein Beispiel:</u>

abfahren → ab - fahren:

Wir fahren in die Stadt.

durchführen → ______________________________

____

abkühlen → ______________________________

____

anfühlen → ______________________________

____

vorlehnen → ______________________________

____

aufstöhnen → ______________________________

____

lernserver • www.lernserver.de • info@lernserver.de • (0251) 83-28409

l, m, n, r-Regel, Lückendiktat

Name: ....

Datum: ....

Diktat

Heute ______________ viele Kinder in der Schule. Mindestens _________ von fünfundzwanzig _________________ sind leer. Auch Abermakaber _____________ sich nicht ganz __________. Er ist morgens schon mit dem Bus ___________________ und nicht mit dem ________, weil er Halsschmerzen hatte. Er guckt auf die _______. Erst elf. Die ___________ will heute gar nicht vergehen. Abermakaber beißt die _______________ zusammen. Mit halbem _______ hört er der ___________________ zu, wie sie etwas über Malaufgaben ________________. ____________ etwas zu begreifen, kritzelt der kleine Zauberer irgendwelche ________________ in sein __________. Er ________ nicht _________. Er will nur noch in sein Bett. Endlich klingelt es zum _____________ der Stunde.. Abermakaber packt seine Sachen zusammen und _________ nach Hause. Die Mutter macht ihm gleich einen heißen Tee und liest ihm eine Geschichte vor. Abermakaber _______________ sich zufrieden in die Kissen. Jetzt geht es ihm _______.

lernserver • www.lernserver.de • info@lernserver.de • ☎ (0251) 83-28409

© Uni Münster • Prof. Dr. F. Schönweiss & Team
Auer Verlag GmbH, Donauwörth

Ausnahmen der l, m, n, r-Regel: qu, t, sch

Name: ....

Datum: ....

Leider haben manche Wörter <u>kein</u> Dehnungs-h, <u>obwohl</u> ein l, m, n oder r nach dem langen Selbstlaut steht.
Das sind Wörter, die mit einem „qu“, „t“ oder „sch“ anfangen.

Merke dir diese drei Buchstaben gut. Wenn du dir in der Mitte ein „a“ dazudenkst, entsteht das Wort:

Qu a **t** **sch**

Suche diejenigen Wörter heraus, die einen dieser drei Buchstaben am Anfang haben. Unterstreiche sie und schreibe sie in die Spalten.

die Sohle	die Mühle	die Bohne	die Schale
das Tal	die Qual	die Möhre	die Tür
der Schwan	das Mehl	quälen	die Schule
die Kohle	die Träne	schwer	quer
der Bohrer	tun	schön	die Schere

<u>Wörter mit qu/Qu:</u>	**<u>Wörter mit t/T:</u>**	**<u>Wörter mit sch/Sch:</u>**
______	______	______
______	______	______
______	______	______
______	______	______
______	______	______
______	______	______

lernserver • www.lernserver.de • info@lernserver.de • ☎ (0251) 83-28409

© Uni Münster • Prof. Dr. F. Schönweiss & Team
Auer Verlag GmbH, Donauwörth

Ausnahmen der l, m, n, r-Regel: qu, t, sch

Name: ....

Datum: ....

Weißt du noch? Das Dehnungs-h steht nicht, wenn Wörter im Anlaut folgende Buchstaben haben:

____

Versuche die Rätsel zu lösen:

Kälteschutz für den Hals:					L	
Ein anderes Wort für Boot:	K					
Ein junges Pferd:	F					
Öffnung zum Durchgehen:		Ü				
Jemandem ganz arg weh tun:			Ä			
Ein anderes Wort für Karotte:		Ö				
Das Gegenteil von „leicht“:						R
Sie entsteht beim Weinen:			Ä			
Dort lernen die Kinder:				U		

lernserver • www.lernserver.de • info@lernserver.de • (0251) 83-28409

© Uni Münster • Prof. Dr. F. Schönweiss & Team
Auer Verlag GmbH, Donauwörth

lernserver
Interaktive Förderdiagnostik

Ausnahmen der l, m, n, r-Regel: qu, t, sch

Name: ....

Datum: ....

Du weißt sicher noch, welche drei Buchstaben am Anfang eines Wortes ein Hinweis darauf sind, dass kein Dehnungs-h kommt?

Wähle aus dem Kästchen unten sechs Wörter aus (drei davon mit t, qu und sch), schreibe sie auf die Zeilen und diktiere sie anschließend deinem Partner. Besprecht die Schreibung und verbessert, falls nötig. Danach tauscht ihr die Rollen.

kahl, fehlen, quälen, Schere, johlen, quer, Stuhl, Schnur, wühlen, bequem, Huhn, Tal, Tor, Bohrer, Uhr, Bühne, Tür, Sohn, Lehm, Ton, Träne, nehmen, Jahr, Schal, Ohr, schmal, Lehrer, Schwan, schon, Bahn, schön, Schule, schwer

Deine Wörter:	**Die Wörter deines Partners:**
______________________	______________________
______________________	______________________
______________________	______________________
______________________	______________________
______________________	______________________
______________________	______________________

lernserver • www.lernserver.de • info@lernserver.de • (0251) 83-28409

© Uni Münster • Prof. Dr. F. Schönweiss & Team
Auer Verlag GmbH, Donauwörth

Ausnahmen der l, m, n, r-Regel: Mitlauthäufung

Name: ....

Datum: ....

Das Dehnungs-h steht auch oft dann NICHT, wenn ein Wort mit

mehreren Mitlauten beginnt.

Bilde mit folgenden Wörtern ohne „h“ einen Satz:

Blume: ______________________________

grün: ______________________________

klar: ______________________________

spülen: ______________________________

Strom: ______________________________

Kran: ______________________________

Finde für jedes Wort mindestens einen Wortverwandten:

Blume: ______________________________

grün: ______________________________

klar: ______________________________

spülen: ______________________________

Strom: ______________________________

Kran: ______________________________

lernserver • www.lernserver.de • info@lernserver.de • ☎ (0251) 83-28409

© Uni Münster • Prof. Dr. F. Schönweiss & Team
Auer Verlag GmbH, Donauwörth

Ausnahmen der l, m, n, r-Regel: Mitlauthäufung

Name: ....

Datum: ....

Suche aus den Schlangenwörtern die Ausnahmewörter mit Mitlauthäufung heraus, unterstreiche sie und schreibe sie auf.

superklarsichtfolienbeschichtet ______________________

Baukranführerhaussitz ______________________

Großküchengeschirrspülmaschine ______________________

Balkonblumenkastenerde ______________________

apfelgiftgrünlich ______________________

Magnetstromkabelanschluss ______________________

lernserver • www.lernserver.de • info@lernserver.de • (0251) 83-28409

© Uni Münster • Prof. Dr. F. Schönweiss & Team
Auer Verlag GmbH, Donauwörth

Ausnahmen der l, m, n, r-Regel: Mitlauthäufung

Name: ....

Datum: ....

Welches der Wörter ohne „h“ passt wo in die Geschichte hinein?

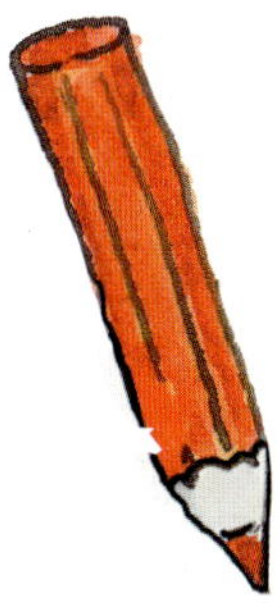

grünen Kran strömten Blumen

klar spülte Kran Spül- klaren

An einem sonnigen, ____________ Sommertag stand ich in der Küche und ______________ ab. Dabei sah ich aus dem Fenster und staunte nicht schlecht: Mitten auf der ____________ Wiese vor unserem Haus fuhr ein riesengroßer __________im Kreis herum. Er wirkte etwas verloren inmitten der bunten ______________ und Sträucher. Natürlich war mir _________, dass das eine Riesensensation für die Dorfkinder sein musste, denn das hohe Ding war ja weithin sichtbar. Und da ______________ sie auch schon herbei: Fritzchen und Karli, Heidi und Matz, Luzy und Hannes. Ich trocknete mir schnell meine ___________hände ab und rannte auch nach draußen. Aber gerade in diesem Augenblick drehte der __________ ab und verschwand hinter dem Wald. Schade, er hatte sich wohl nur verfahren.

lernserver • www.lernserver.de • info@lernserver.de • ☎ (0251) 83-28409

© Uni Münster • Prof. Dr. F. Schönweiss & Team
Auer Verlag GmbH, Donauwörth

Ausnahmen der l, m, n, r-Regel:
Ausnahmen der Mitlauthäufung

Name: ....

Datum: ....

Lerne die Merkwörter auswendig, die trotz Mitlauthäufung ein Dehnungs-h im Wort haben:

Stuhl, stehlen, stöhnen, strahlen

Decke das Kästchen ab und versuche, die vier Wörter aus dem Gedächtnis aufzuschreiben.

____

____

____

____

Vergleiche nun, ob du alles richtig geschrieben hast.

Suche aus dem Buchstabensalat die Merkwörter heraus und unterstreiche sie:

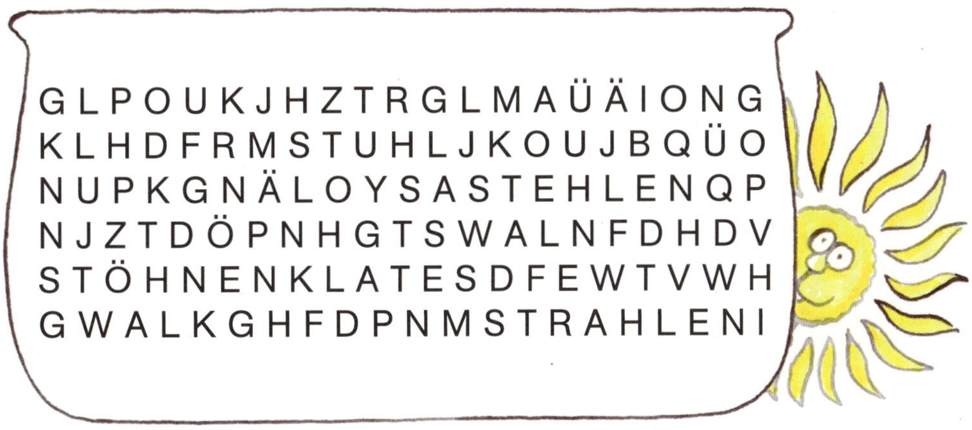

lernserver • www.lernserver.de • info@lernserver.de • (0251) 83 - 28409

© Uni Münster • Prof. Dr. F. Schönweiss & Team
Auer Verlag GmbH, Donauwörth

Ausnahmen der l, m, n, r-Regel:
qu, t, sch und Mitlauthäufung

Name: ....

Datum: ....

Weißt du noch alle Regeln, die du bisher zum Dehnungs-h gelernt hast? Lies sie dir noch einmal durch.
Welche ganz unten stehenden Wörter passen zu welcher Regel?

Das Dehnungs-h steht nur dann,
wenn du nach einem langen betonten Selbstlaut ein
l, m, n oder r hörst.

___

Es steht NICHT,
wenn ein Wort mit **„qu“** oder **„t“** oder **„sch“** anfängt.

___

Es steht NICHT,
wenn ein Wort mit **mehreren Mitlauten** anfängt.

Merke aber: Stuhl, stehlen, stöhnen, strahlen

___

Tür, quälen, grün, Blume, Lehm, Zahn,
Uhr, Ton, Schere, Schule, schön, Tal,
spülen, strömen, Ohr, zahm, quer

lernserver • www.lernserver.de • info@lernserver.de • ☎ (0251) 83-28409

© Uni Münster • Prof. Dr. F. Schönweiss & Team
Auer Verlag GmbH, Donauwörth

Ausnahmen der l, m, n, r-Regel: Merkwörter

Name: ....

Datum: ....

Das Dehnungs-h steht auch NICHT bei folgenden zwölf Merkwörtern, zu denen es keine Eselsbrücken gibt. Lerne sie bitte auswendig:

<u>Tipps zum Lernen:</u>

1. Nimm dir immer drei Wörter vor und präge sie dir gut ein.
2. Schreibe sie auf Karteikärtchen.
3. Schreibe sie auswendig auf. Vergleiche.
4. Bilde mit jedem Wort einen Satz.
5. Lass sie dir am nächsten Tag von jemandem diktieren.
6. Verfahre so mit den nächsten drei Wörtern.
7. Wenn du alle Wörter gelernt hast, versuchst du sie noch einmal auswendig aufzuschreiben.
8. Diejenigen, die du dir nicht merken kannst, wiederholst du mit Hilfe der Karteikärtchen.

lernserver • www.lernserver.de • info@lernserver.de • ☎ (0251) 83-28409

© Uni Münster • Prof. Dr. F. Schönweiss & Team
Auer Verlag GmbH, Donauwörth

Ausnahmen der l, m, n, r-Regel: Merkwörter

Name: ....

Datum: ....

Suche in der Geschichte nach den 12 Merkwörtern ohne „h“, unterstreiche sie und schreibe sie noch einmal ab.

Ameise Bär Dame holen hören Honig komisch König malen Monat Name wenig

Ein großer Bär traf im sonnigen Monat Mai auf eine kleine Ameise, die gerade Pause machte und mit einem winzigen Stöckchen ein Bild in den Sand malte. Er fand sie ganz besonders hübsch und zierlich, so dass er sich sogar traute, sie anzusprechen.

„Guten Tag, schöne Dame, wie ist dein Name?“

„Was geht denn dich das an?“, fragte die kleine Ameise spitz und sah den riesigen Bären schräg von unten an.

„Also hör mal“, brummte der Bär verunsichert, „ich bin der König der Tiere und furchtbar schlau, da darf ich doch wohl deinen Namen wissen!“

Die Ameise fing an zu kichern. „Also, wenn du der König der Tiere und auch noch schlau bist, dann bin ich die Königin der Bienen und mache Honig“, sagte sie belustigt.

Der Bär kratzte sich nachdenklich am Kopf. Den Witz hatte er nicht so ganz verstanden. „Aha“, meinte er nach einer Weile, „aber das ist komisch, ich dachte immer, Bienen wären schwarz-gelb gestreift und hätten Flügel.“

lernserver • www.lernserver.de • info@lernserver.de • ☎ (0251) 83-28409

© Uni Münster • Prof. Dr. F. Schönweiss & Team
Auer Verlag GmbH, Donauwörth

Ausnahmen der l, m, n, r-Regel: Merkwörter

Name: ....

Datum: ....

„Tja, so kann man sich irren“, antwortete die Ameise ungerührt und vollendete ihr Bild mit einem letzten schwungvollen Strich. Dann stand sie auf und klopfte sich den Sand von den Beinen. „So, ich muss mal wieder“, erklärte sie und nickte dem Bären aufmunternd zu. „Du bist zwar weder ein König noch besonders schlau, aber ein großer, starker Kerl, der vielleicht auch noch ganz nett sein kann, wenn er will.“

Auf dem Gesicht des Bären breitete sich ein glückliches Grinsen aus. Er suchte verzweifelt nach einer besonders geistreichen Antwort, doch die Ameise war schon einige Meter weiter gehuscht. Kurz vor ihrem Hügel drehte sie sich aber noch einmal um und sagte lächelnd: „Übrigens: Mein Name ist Bärbel!“

„Angenehm“, brüllte ihr der Bär aufgeregt hinterher, „und ich heiße Benno, äh, hm, soll ich dich mal zum Tanzen abholen oder so?“ Darauf bekam er allerdings keine Antwort. Die Ameise war schon in ihrem Bau verschwunden und konnte den Bären nicht mehr hören. „Macht nichts“, dachte er vergnügt und guter Dinge, „ich kann ja im nächsten Monat noch einmal vorbeischauen. Vielleicht hat sie dann auch ein wenig Honig für mich!“

____

____

____

lernserver • www.lernserver.de • info@lernserver.de • (0251) 83-28409

© Uni Münster • Prof. Dr. F. Schönweiss & Team
Auer Verlag GmbH, Donauwörth

Ausnahmen der l, m, n, r-Regel: alle Ausnahmen

Name: ....

Datum: ....

Wiederholung:

Das Dehnungs-h steht **nur** dann, wenn du nach einem **langen** betonten Selbstlaut ein **l**, **m**, **n** oder **r** hörst.

Es steht **NICHT**,

1. wenn ein Wort mit **„qu“** oder **„t“** oder **„sch“** anfängt,
2. wenn ein Wort mit **mehreren Mitlauten** anfängt,
   (Ausnahmen: Stuhl, stehlen, stöhnen, strahlen)
3. bei den 12 Merkwörtern:
   Ameise, Bär, Dame, holen, hören, Honig,
   komisch, König, malen, Monat, Name, wenig

Versuche nun, die Lücken zu füllen:

Auf dem Tisch steht eine Scha_____e mit Obst. (l oder hl?)

Das To_____ ist weit offen. (r oder hr?)

Der Za_____ tut weh. (n oder hn?)

Es gibt zu wenig Stü_____e. (l oder hl?)

Das Gras ist grü_____. (n oder hn?)

Der Kö_____ig herrscht über sein Land. (n oder hn?)

Wie ist dein Na_____e? (m oder hm)

Sabine ma_____t ein Bild. (l oder hl?)

Ich bin ganz O_____. (r oder hr?)

lernserver • www.lernserver.de • info@lernserver.de • ☎ (0251) 83-28409

Ausnahmen der l, m, n, r-Regel:
Würfelspiel mit allen Regeln

Name: ....

Datum: ....

Würfelspiel mit allen Dehnungs-h-Regeln

Ziel:
Spielerische Automatisierung der Dehnungs-h-Regeln.
Material:
Würfel, Wortkarten (siehe unten), 6 Schachteln oder Dosen mit den Ziffern 1 bis 6 beschriftet, Tafel, Büroklammern (Streichhölzchen oder Muggelsteine).
Vorbereitung:
Wortkarten auf festes Papier kopieren und ausschneiden. Nach 6 beliebigen Kriterien sortieren (z. B.: Schreibübung, Ausnahmewortfragen, Ereigniskarten usw.), auf der Rückseite eventuell ausradierbar mit der gleichen Ziffer (1 bis 6) beschriften und mit den Fragen nach unten in die jeweiligen Dosen legen.
Teilnehmer:
2 bis viele (die Mitspieler können als „Prüfer" eingesetzt werden und/oder es werden Gruppen gebildet)
Anleitung:
Es wird reihum gewürfelt. Je nach Augenzahl zieht der Spieler aus der dazugehörenden Dose ein Fragekärtchen, welches er der Lehrkraft oder seinem rechten Spielnachbarn zum Vorlesen gibt. Die Antworten erfolgen teils mündlich, teils schriftlich (Tafel). Wer richtig geantwortet hat, bekommt so viele Büroklammern, wie in den kleinen Vierecken angegeben ist. Ist eine Dose leer, gibt es für diese Ziffer keine Büroklammer und das nächste Kind kommt an die Reihe, bis alle Kärtchen verspielt sind. Sieger ist, wer am Schluss die meisten Büroklammern hat.

Schreibe: die Zahl — 2	Schreibe: das Mehl — 2	Schreibe: fühlen — 2
Schreibe: der Kühlschrank — 2	Schreibe: die Mühle — 2	Schreibe: der Lehm — 2
Schreibe: zahm — 2	Schreibe: die Bahn — 2	Schreibe: der Hahn — 2
Schreibe: die Sahne — 2	Schreibe: das Zahnfleisch — 2	Schreibe: die Bohne — 2

lernserver • www.lernserver.de • info@lernserver.de • (0251) 83-28409

© Uni Münster • Prof. Dr. F. Schönweiss & Team
Auer Verlag GmbH, Donauwörth

lernserver
Interaktive Förderdiagnostik

Ausnahmen der l, m, n, r-Regel:
Würfelspiel mit allen Regeln

Name: ....

Datum: ....

Warum wird die „Uhr“ mit „h“ geschrieben?	3	Warum wird die „Lehrerin“ mit „h“ geschrieben?	3	Warum wird das „Jahr“ mit „h“ geschrieben?	3
Warum wird die „Qual“ ohne „h“ geschrieben?	3	Warum wird „schön“ ohne „h“ geschrieben?	3	Warum wird der „Kran“ ohne „h“ geschrieben?	3
Zu welcher Ausnahmeregel gehört „Blume“?	3	Zu welcher Ausnahmeregel gehört „grün“?	3	Zu welcher Ausnahmeregel gehört „Schere“?	3
„Schule“ mit oder ohne „h“? Begründe!	3	„Schal“ mit oder ohne „h“? Begründe!	3	„Träne“ mit oder ohne „h“? Begründe!	3
Zu welcher Regel gehören: „stehlen, stöhnen, strahlen, Stuhl“?	3	Nenne mindestens drei Merkwörter ohne „h“.	3	Nenne mindestens zwei Merkwörter ohne „h“.	2
Warum wird „Tafel“ ohne „h“ geschrieben?	3	Warum wird „mager“ ohne „h“ geschrieben?	3	Hat „Limonade“ irgendwo ein „h“? Begründe!	3
Würdest du „Heft“ mit „h“ schreiben? Begründe!	3	Würdest du „Roller“ mit „h“ schreiben? Begründe!	3	Wann musst du ein Dehnungs-h schreiben?	4
Nenne eine Ausnahmeregel des Dehnungs-h.	3	Nenne zwei Ausnahmeregeln des Dehnungs-h.	4	Was haben die Wörter „Tal, Schemel, quer“ gemeinsam?	3
Schreibe „Schaf“ an die Tafel und begründe.	3	Zu welcher Regel gehören „Honig, hören, Name, holen“?	2	Nenne drei Wörter, die ohne „h“ sind, obwohl l, m, n oder r folgt. Begründe.	4

lernserver • www.lernserver.de • info@lernserver.de • (0251) 83-28409

© Uni Münster • Prof. Dr. F. Schönweiss & Team
Auer Verlag GmbH, Donauwörth
lernserver
Interaktive Förderdiagnostik

Ausnahmen der l, m, n, r-Regel:
Würfelspiel mit allen Regeln

Name: ....

Datum: ....

Laufe zur Erholung dreimal zur Tafel und zurück. 1	Mache fünf Kniebeugen oder schreibe „nehmen“. 1	Erzähle einen Witz oder laufe zehn Schritte rückwärts. 1
Diktiere den anderen drei Wörter, die mit dem Dehnungs-h zu tun haben. 2	Male eine Blume an die Tafel und schreibe das Wort „Blume“ daneben. 2	Male ein Ding mit „h“ an die Tafel und lass die anderen raten. 1
Male einen Schwan an die Tafel und lass die anderen raten. Schreibe! 2	Was hat das Dehnungs-h mit dem langen betonten Selbstlaut zu tun? 3	Kann ein Dehnungs-h nach einem kurzen Selbstlaut stehen? 1
Nenne alle Merkwörter ohne „h“. 5	Nenne alle Ausnahmeregeln des Dehnungs-h. 5	Nenne alle Ausnahmeregeln des Dehnungs-h mit jeweils einem Wortbeispiel. 6
Du hast im Lotto gewonnen und bekommst eine Büroklammer umsonst.	Stehe aus dem Schneidersitz ohne Hände wieder auf oder schreibe „Zug“ an die Tafel. 1	Balanciere 10 Sekunden auf einem Bein oder nenne ein Merkwort ohne „h“. 1
Laufe rückwärts eine Acht. 1	Warum wird „leben“ nicht mit „h“ geschrieben? 3	Schreibe „quälen“, „Kater“ und „bunt“. 3
Schreibe „Kohle“, „Fohlen“ und „Schal“. 3	Sag jemandem etwas Nettes. 1	Berühre bei gestreckten Beinen mit den Fingerspitzen den Boden oder nenne ein Wort mit „h“. 1
Hüpfe zehnmal mit geschlossenen Beinen vor und zurück. 1	Sag jemandem etwas Nettes oder schreibe „der Torbogen“. 1	Greife mit der rechten Hand an dein linkes Ohr und mit der linken Hand an dein rechtes Knie. 1
Schließe die Augen und pfeife drei verschiedene Töne. 1	Nenne 8 Merkwörter ohne „h“. 4	Nenne ein Tier mit Dehnungs-h. 1

lernserver • www.lernserver.de • info@lernserver.de • ☎ (02 51) 83 - 284 09

© Uni Münster • Prof. Dr. F. Schönweiss & Team
Auer Verlag GmbH, Donauwörth

Dehnung oder Dopplung? Lückendiktat

Name: ....

Datum: ....

Lückendiktat:

Ist der betonte Selbstlaut lang oder kurz? Musst du also dehnen oder doppeln? Überlege gut!

Ich habe vergessen, ______________ für den Kuchen zu kaufen.

Opa schenkt Oma eine ______________ aus dem Garten.

Unser Hund legt sich im Sommer gerne in den __________________.

Metin hat einen __________________ gefangen.

Tanja ______________ ihre Freundin zu ihrem Geheimversteck.

Bei dieser ________________ gehen wir heute ins Freibad.

In diesem ___________ fangen die Sommerferien schon im Juni an.

Tante Frieda und Onkel Max haben sieben __________________.

Habe ich dir schon ___________________, dass Martin kommen will?

Achtung, drei knifflige Sätze:

1. Ein Elefant ____________ mit seinem __________________ __________________ Gewichte __________________.

2. Schnelle ________________ geraten auf der _____________________ oft in ______________________.

3. ____
____

lernserver • www.lernserver.de • info@lernserver.de • ☎ (0251) 83-28409

© Uni Münster • Prof. Dr. F. Schönweiss & Team
Auer Verlag GmbH, Donauwörth

Dehnungs-h: dehnen oder doppeln?

Name: ....

Datum: ....

Achte auf den betonten Selbstlaut:
Wenn er lang ist, überlege, ob ein Dehnungs-h stehen muss.
Wenn er kurz ist, überlege, ob ein doppelter Mitlaut nötig ist.

Welches Wort ist richtig?

	Vorschlag
Gundi **dent/dehnt** und streckt sich.	1 oder 2?
Heute hat der **Han/Hahn** nicht gekräht.	**1 oder 2?**
Bären mögen gerne **Honig/Hohnig**.	1 oder 2?
In Sibirien herrscht eine schauerliche **Kälte/Källte**.	**1 oder 2?**
Ulrike hat eine **zame/zahme** Dohle.	1 oder 2?
In Südfrankreich gibt es viele **Hölen/Höhlen**.	**1 oder 2?**
Zum Geburtstag bekam Oma viele **Blumen/Bluhmen**.	1 oder 2?
Auf dem See schwimmen zwei **Schwäne/Schwähne**.	**1 oder 2?**
Eine kleine **Krabe/Krabbe** läuft ins Meer.	1 oder 2?
Opa **erzält/erzählt** gerne aus seiner Jugend.	**1 oder 2?**
Gibt es auch schwarze **Schimel/Schimmel**?	1 oder 2?
Die Kühe werden von der Alm ins **Tal/Tahl** getrieben.	**1 oder 2?**
Klaus **holt/hohlt** seinen Freund Mario ab.	1 oder 2?

1=H 2=S	1=A 2=P	1=R 2=L	1=I 2=C	1=N 2=T
1=O 2=Z	1=P 2=Z	1=I 2=D	1=H 2=S	1=V 2=T
1=N 2=O	1=L 2=S	1=E 2=V		

Lösungswort: ___ ___ ___ ___ ___ ___ ___ ___ ___ ___ ___ ___ ___

lernserver • www.lernserver.de • info@lernserver.de • ☎ (0251) 83-28409

© Uni Münster • Prof. Dr. F. Schönweiss & Team
Auer Verlag GmbH, Donauwörth

Kartenspiel „Schwarzer Peter“
ohne und mit Regeln

Name: ....

Datum: ....

„Schwarzer Peter“ (auch als „Memory“ einsetzbar)

Ziel:
Wichtige Wörter mit Dehnungs-h einprägen.

Material:
Spielkarten (l, m, n, r-Regel ohne und mit Ausnahmen)

Vorbereitung:
Spielkarten auf festes Papier (ggf. vergrößert) kopieren, eventuell laminieren und ausschneiden.

Teilnehmer:
2 bis 6

Anleitung:
Die Karten werden gemischt und gleichmäßig verteilt (bei kleinen Spielgruppen eventuell welche aussortieren). Reihum zieht jeder Spieler von seinem Nachbarn eine Karte und schaut, ob er ein Wortpaar hat. Wenn ja, darf er es ablegen. Es wird so lange gespielt, bis der Letzte auf dem Schwarzen Peter sitzen bleibt.
Erweiterung: Die Kinder sammeln Ausnahmewörter aus den Übungsblättern und basteln selbst Quartettkarten in gleicher Größe. Diese Karten werden mit dazugenommen. Bevor man nun ein Kartenpaar ablegen darf, muss die zum Wort gehörende Regel benannt werden (l-m-n-r-Regel, qu-a-t-sch-Ausnahme, Mitlauthäufung, Merkwörter).

Zahl	**zählen**	**fehlen**
gefehlt	**Mehl**	**mehlig**

lernserver • www.lernserver.de • info@lernserver.de • ☎ (0251) 83-28409

© Uni Münster • Prof. Dr. F. Schönweiss & Team
Auer Verlag GmbH, Donauwörth

Kartenspiel „Schwarzer Peter“
ohne und mit Regeln

Name: ....

Datum: ....

Kohl	**Blumenkohl**	**Zahn**
Zähne	**wohl**	**wohlig**
wohnen	**Wohnung**	**fühlen**

lernserver • www.lernserver.de • info@lernserver.de • ☎ (0251) 83-28409

© Uni Münster • Prof. Dr. F. Schönweiss & Team
Auer Verlag GmbH, Donauwörth

Kartenspiel „Schwarzer Peter“
ohne und mit Regeln

Name: ....

Datum: ....

Gefühl	**kühl**	**abkühlen**
wühlen	**Wühlmaus**	**zahm**
gezähmt	**nehmen**	**er nahm**

lernserver • www.lernserver.de • info@lernserver.de • ☎ (0251) 83-28409

© Uni Münster • Prof. Dr. F. Schönweiss & Team
Auer Verlag GmbH, Donauwörth

Kartenspiel „Schwarzer Peter“
ohne und mit Regeln

Name: ....

Datum: ....

Lehm	**Lehmboden**	**Ohr**
angelehnt	**du lehnst**	**Ohrring**
Bahnhof	**Bahn**	**Hähnchen**

lernserver • www.lernserver.de • info@lernserver.de • ☎ (0251) 83-28409

Kartenspiel „Schwarzer Peter“
ohne und mit Regeln

Name: ....

Datum: ....

Hahn	**Löwenzahn**	**Zahn**
fünfzehn	**zehn**	**Vorfahrt**
fahren	**Jahr**	**Schuljahr**

lernserver • www.lernserver.de • info@lernserver.de • ☎ (0251) 83-28409

Kartenspiel „Schwarzer Peter“
ohne und mit Regeln

Name: ....

Datum: ....

Uhr	**Küchenuhr**	**bohren**
Bohrer	**Rohr**	**Röhre**
rühren	**Rührteig**	

lernserver • www.lernserver.de • info@lernserver.de • ☎ (0251) 83-28409

© Uni Münster • Prof. Dr. F. Schönweiss & Team
Auer Verlag GmbH, Donauwörth

lernserver
Interaktive Förderdiagnostik

Übungen zum Silben-h

lernserver • www.lernserver.de • info@lernserver.de • ☎ (0251) 83-28409

Mehrzahl bilden

Name: ....

Datum: ....

Das Silben-h ist kein Dehnungs-h!
Das Silben-h steht zwischen einem langen, betonten Selbstlaut und einem kurzen, um diese beiden voneinander zu trennen. Hier ist es auch hörbar:

die Kü**h**e, die Schu**h**e, se**h**en, ge**h**en, fro**h**er

Manchmal jedoch ist das Silben-h auch stumm, nämlich dann, wenn es in veränderten Formen am Ende eines Wortes oder vor einem Mitlaut zu stehen kommt:

die Ku**h**, der Schu**h**, ihr se**h**t, sie ge**h**t, fro**h**

Bilde die Mehrzahl, dann kannst du das Silben-h hören:

das Reh: die ______________________

die Kuh: die ______________________

der Schuh: die ______________________

der Floh: die ______________________

lernserver • www.lernserver.de • info@lernserver.de • ☎ (0251) 83-28409

© Uni Münster • Prof. Dr. F. Schönweiss & Team
Auer Verlag GmbH, Donauwörth

Infinitiv und Komparativ

Name: ....

Datum: ....

Bei Zeitwörtern suchst du die Grundform, um das Silben-h hörbar zu machen:

sie blüht: ______________________________

sie näht: ______________________________

ihr flieht: ______________________________

er mäht: ______________________________

es zieht: ______________________________

Bei Eigenschaftswörtern bildest du die erste Steigerungsform:

Das Unwetter ist nah.

Das Unwetter kommt immer ________________________.

Nelly ist froh.

Ursula ist noch ________________________.

Simone steht früh auf.

Ihr Bruder steht viel ________________________ auf.

lernserver • www.lernserver.de • info@lernserver.de • ☎ (0251) 83-28409

© Uni Münster • Prof. Dr. F. Schönweiss & Team
Auer Verlag GmbH, Donauwörth

Wörter in einer Geschichte suchen

Name: ....

Datum: ....

Unterstreiche in der kleinen Geschichte die Wörter mit Silben-h und schreibe sie auf die Zeilen.
Wo ist das „h“ hörbar? Wo ist es stumm? Verändere die Wörter mit stummem Silben-h so, dass das „h“ hörbar wird.

Im Juni blühen die Wiesen. Der Bauer mäht mit seinem Mähdrescher das Gras ab. Ein kleines Reh hat sich in den hohen Halmen versteckt. Als das laute Ungetüm immer näher kommt, flieht das scheue Tier in den Wald. Der Bauer ist froh, denn er hatte es in seinem Versteck nicht gesehen. Beinahe wäre ein Unglück geschehen.

hörbares Silben-h:

____

____

stummes Silben-h:

stumm:	hörbar:
______________________	______________________
______________________	______________________
______________________	______________________
______________________	______________________
______________________	______________________

lernserver • www.lernserver.de • info@lernserver.de • ☎ (0251) 83-28409

© Uni Münster • Prof. Dr. F. Schönweiss & Team
Auer Verlag GmbH, Donauwörth

Wortverwandte verbinden

Name: ....

Datum: ....

Verbinde jedes Wortpaar, das zusammenpasst, mit einer anderen Farbe. Bilde mit jeweils einem Wort einen ganzen Satz.

der Drehstuhl nahen das Rehkitz

fliehen nähen die Nähmaschine der Floh

sie flieht er naht die Flöhe die Rehe drehen

der Schuhlöffel die Kühe die Schuhe der Kuhstall

____

____

____

____

____

____

____

____

____

lernserver • www.lernserver.de • info@lernserver.de • ☎ (0251) 83-28409

lernserver
Interaktive Förderdiagnostik

Übungen zu den Doppelselbstlauten

lernserver • www.lernserver.de • info@lernserver.de • (0251) 83-28409

Merkwörter

Name: ....

Datum: ....

Die Doppelselbstlaute „aa“, „ee“ und „oo“ sind auch Dehnungszeichen. Es gibt aber leider keine Regel dafür, wann du sie schreiben musst.
Lerne deshalb folgende Merkwörter auswendig:

Wörter mit „aa“:

das Haar
ein paar
die Waage

Wörter mit „oo“:

das Boot
doof
der Zoo

Wörter mit „ee“:

die Beere
leer
das Meer
der Schnee
der See
der Tee

Arbeite mit deinem Partner zusammen: Jeder denkt sich abwechselnd zu jedem Wort einen Satz aus und sagt ihn dem anderen vor, zum Beispiel:

„Ludmilla hat sich ihre langen **Haare** abschneiden lassen.“

lernserver • www.lernserver.de • info@lernserver.de • ☎ (0251) 83-28409

Merkwörter im Buchstabensalat

Name: ....

Datum: ....

Findest du alle Merkwörter mit Doppelselbstlauten im Buchstabensalat? Unterstreiche sie und schreibe sie auf.

F G R Z U T E E K L O P Q Ü F A C L G R Z F D E N H J K U
C S E T S A S D G D S D S H A A R T G S K L A O P M N I L
B O O T H R E C D G J K L P Ü Ö Y X S A W E P A A R K J I
M A S T U W D W W F G B N E Z O O D S W S E E M D F I I
I R T K G P M N C X D O O F G H S W P R T H G C D F T W
B N K O T U V F S C H N E E W F G Z I O P L R E R L E E R
L P V W A A G E K L Ö B V C F T Y S R E F G T Z M E E R J
C X R T W Q P G H U N S D R B E E R E T Z U A S D V B P

<u>aa:</u>

____

<u>oo:</u>

____

<u>ee:</u>

____

____

lernserver • www.lernserver.de • info@lernserver.de • (0251) 83-28409

Lückensätze

Name: ....

Datum: ....

In welchen Satz passt welches Wort?

das Haar, ein paar, die Waage
das Boot, doof, der Zoo
die Beeren, leer, das Meer, der Schnee, der See, der Tee

Kann ich noch eine Tasse ____________haben, bitte?

Wer hat auf die Tafel geschrieben: „Hanno ist ______________“?

Vater geht im Urlaub an einem _____________angeln.

Er fährt dann mit einem kleinen _______________hinaus.

Günter schiebt sich ein ____________Erdnüsse in den Mund.

Ich habe ein __________________in der Suppe gefunden.

Die Dose mit Erdnüssen ist leider schon _______________.

Im _________________schaue ich mir am liebsten die Kängurus an.

Wenn genügend ______________liegt, können wir Schlitten fahren.

Der Verkäufer legt das Obst zum Wiegen auf die _____________.

In Sommer pflücken wir ________________im Wald.

Was magst du lieber: das __________________oder die Berge?

lernserver • www.lernserver.de • info@lernserver.de • ☎ (0251) 83-28409

© Uni Münster • Prof. Dr. F. Schönweiss & Team
Auer Verlag GmbH, Donauwörth

Lückensätze

Name: ....

Datum: ....

Achtung:
Es gibt keine Doppelumlaute: das Paar – das Pärchen

Aus groß mach klein:
Bilde die Verkleinerungsform mit –chen oder –lein.

Das große Boot → das kleine ____________________

Das lange Haar → das kurze ____________________

Finde Wortverwandte zu den Merkwörtern:

das Haar: ______________________________

die Waage: ______________________________

das Boot: ______________________________

doof: ______________________________

der Zoo: ______________________________

die Beere: ______________________________

leer: ______________________________

das Meer: ______________________________

der Schnee: ______________________________

der See: ______________________________

der Tee: ______________________________

lernserver • www.lernserver.de • info@lernserver.de • ☎ (0251) 83-28409

© Uni Münster • Prof. Dr. F. Schönweiss & Team
Auer Verlag GmbH, Donauwörth

Spiel: Rätselraten

Name: ....

Datum: ....

Spiel für schnelle Denker:
Es werden zwei Mannschaften gebildet, die sich in einen Kreis setzen. In der Mitte steht eine kleine Trommel oder ein ähnliches Instrument.
Die Lehrkraft (oder ein anderer Spielleiter) liest eine Fragekarte vor. Es geht dabei um „aa“, „ee“ und „oo“. Wer die Antwort weiß, springt schnell auf, schlägt auf die Trommel und sagt die richtige Antwort. Dafür gibt es einen Punkt. Kann er das Wort auch noch fehlerfrei an die Tafel schreiben, bekommt er zwei Punkte. Ist die Antwort falsch, wird ein Punkt abgezogen.

		Lösungen:
Ein anderes Wort für „blöd“ und „dumm“.	Ein anderes Wort für „einige“.	doof ein paar
Was möchte man auf keinen Fall in der Suppe finden?	Es ist kein Meer, kein Fluss, kein Teich ...	Haar See
Es gibt ihn als Kräuter-, Früchte-, grünen oder schwarzen	Wenn nichts mehr drin ist, ist es	Tee leer
Ein anderes Wort für „Tiergarten“.	Mit ihm kann man auf Wasser fahren.	Zoo Boot
Es ist weich, weiß und kalt ...	Mit welchem Gerät kannst du dein Gewicht erfahren?	Schnee Waage
Nenne ein zusammengesetztes Wort mit „Schnee“.	Das Gegenteil von „voll“?	Schneeball leer
Ein anderes Wort für „Ozean“?	Die kleinen essbaren Dinger haben „Brom-“ „Him-“ oder „Blau-“ vor ihrem Namen.	Meer Beeren

lernserver • www.lernserver.de • info@lernserver.de • ☎ (0251) 83-28409

© Uni Münster • Prof. Dr. F. Schönweiss & Team
Auer Verlag GmbH, Donauwörth

Spiel: Merkwörter erfragen

Name: ....

Datum: ....

Spiel: Merkwörter erfragen

Ziel:
Merkwörter mit Doppelselbstlauten sollen spielerisch gefestigt werden.

Material:
Spielplan, Stifte

Vorbereitung:
4 Spielpläne für je zwei Teilnehmer kopieren. Merkwörter auswählen. Besprechen und üben, wie man Koordinaten angibt.

Teilnehmer:
2 pro Spiel

Anleitung:
Jeder Spieler erhält zwei Spielpläne und einen Stift. Die Lehrkraft gibt fünf Merkwörter vor. Dabei muss den Kindern klar sein, dass der Schwerpunkt auf der Doppelvokal-Problematik liegt. Beide Spieler tragen die gleiche Wort-Anzahl entweder waagrecht oder senkrecht in den Spielplan ein. Abwechselnd fragen sie sich nun gegenseitig nach den Koordinaten, z B. F8. Der Mitspieler gibt an, ob es ein Treffer war und nennt den Buchstaben. Der Spieler schreibt ihn als Großbuchstaben an der genannten Stelle in seinen zweiten Plan hinein. Da er einen Treffer hatte, darf er so lange weiterfragen, bis er auf ein leeres Kästchen stößt. Dann kommt der andere an die Reihe. Wenn ein Spieler ein Wort errät, bevor er alle Koordinaten erfragt hat, darf er es nennen und vollständig in seinen Plan eintragen. Gewinner ist, wer zuerst alle gegnerischen Wörter gefunden hat.

	1	2	3	4	5	6	7	8	9
A									
B									
C									
D									
E									
F									
G									
H									
I									

lernserver • www.lernserver.de • info@lernserver.de • ☎ (0251) 83-28409

© Uni Münster • Prof. Dr. F. Schönweiss & Team
Auer Verlag GmbH, Donauwörth

lernserver
Interaktive Förderdiagnostik

Übungen zum i-Laut

lernserver • www.lernserver.de • info@lernserver.de • (0251) 83-28409

Hörübung: Langer oder kurzer Laut?

Name: ....

Datum: ....

<u>Hörübung:</u>

Die Lehrkraft liest die Wortpaare vor, das Kind wiederholt sie und findet heraus, in welchem Wort der i-Laut lang gesprochen wird.

Anschließend erklärt die Lehrkraft, dass der lange i-Laut <u>immer</u> die <u>betonte</u> Stelle im Wort ist und <u>meistens</u> „ie" geschrieben wird. Für den kurzen i-Laut schreibt man nur „i".

Winter	→	Wiese
Bitte	→	Biene
zielen	→	Zimmer
Dieb	→	dick
finden	→	viele
wiegen	→	wimmern
schielen	→	schillern
flimmern	→	fliegen
kriechen	→	kitzeln
niesen	→	nicken
Tier	→	Tipp

lernserver • www.lernserver.de • info@lernserver.de • ☎ (0251) 83-28409

© Uni Münster • Prof. Dr. F. Schönweiss & Team
Auer Verlag GmbH, Donauwörth

Wörter mit „ie“ finden

Name: ....

Datum: ....

Der lange i-Laut wird meistens „ie“ geschrieben.

Wie viele ie-Wörter kannst du aus den vorgegebenen Buchstaben bilden? Schreibe sie auf:

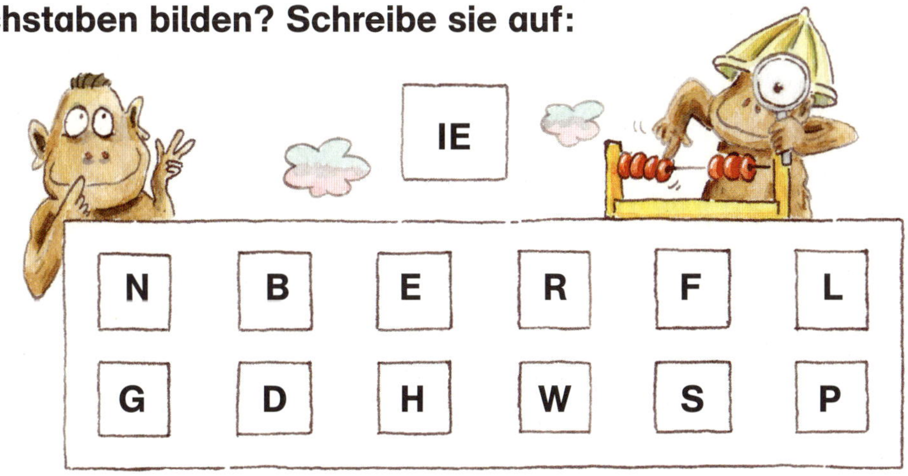

____

____

____

____

____

____

____

lernserver • www.lernserver.de • info@lernserver.de • (0251) 83-284 09

© Uni Münster • Prof. Dr. F. Schönweiss & Team
Auer Verlag GmbH, Donauwörth

Zeitwörter beugen

Name: ....

Datum: ....

Es gibt viele Zeitwörter mit „ie“. Schreibe sie in anderen Formen:

spielen: Hokus ______________________ mit Abermakaber.

frieren: Abermakaber ______________________ ohne Zauberhut.

schielen: Der Löwe ______________________ grauenvoll.

verbiegen: Du ______________________ dich beim Turnen.

wiegen: Findus ______________________ wenig.

siegen: Jim Knopf ______________________ über die Wilde 13.

fliegen: Tarzan ______________________ durch den Urwald.

lieben: Bibi Blocksberg ______________________ ihren Besen.

mieten: Benjamin Blümchen ______________________ einen Zoo.

kriechen: Du ______________________ unter das Bett.

Wer findet die meisten Zeitwörter mit <u>kurzem</u> i-Laut, aber ohne Mitlautverdopplung?

____

____

____

lernserver • www.lernserver.de • info@lernserver.de • ☎ (0251) 83-28409

© Uni Münster • Prof. Dr. F. Schönweiss & Team
Auer Verlag GmbH, Donauwörth

Würfelspiel mit „ie“

Name: ....

Datum: ....

Spiel mit „ie-Wörtern“:

Die Aufgabenkärtchen kopieren und ausschneiden. Verdeckt in eine Dose oder Schachtel legen. Die Kinder ziehen abwechselnd ein Kärtchen und die Gruppe/Klasse bearbeitet die Aufgabe gemeinsam.

Suche drei Zeitwörter mit „ie“ und schreibe sie auf.	**Suche drei Namenwörter mit „ie“ und schreibe sie auf.**
Finde in der Wörterschlange alle ie-Wörter und schreibe sie auf: PAPIERSTIERVIERFLIEGEWIESE LIEDTIERKNIEBRIEFBIENEHIER	Reime weiter: Tier → B_____ → St_____ tief → Br_____ → sch_____ Fliege → Z_____ → W_____
Lies alle Wörter und schreibe: r, s, kr, b, l, sch — IE — len, ben, gen, ten, chen	Lies folgenden Satz vor und erkläre, was er bedeutet: **Wenn Fliegen hinter Fliegen fliegen, fliegen Fliegen Fliegen nach.**
Denke dir einen Satz mit ganz vielen ie-Wörtern aus und schreibe ihn auf.	Bilde zusammengesetzte Namenwörter: Brief: _______________ Spiegel: _______________ Tier: _______________
Bilde aus folgenden Buchstaben drei ie-Wörter und schreibe sie auf: IE | B | R | F | T | N | E	**Rätsel:** **Was ist ein Gedicht, das man singen kann?**

lernserver • www.lernserver.de • info@lernserver.de • ☎ (0251) 83-28409

© Uni Münster • Prof. Dr. F. Schönweiss & Team
Auer Verlag GmbH, Donauwörth

Lückenwörter und Reime

Name: ....

Datum: ....

Hier musst du herausfinden, ob der betonte i-Laut lang oder kurz gesprochen wird.
Ist er lang, schreibst du „ie“. Ist er kurz, schreibst du „i“.

der Br____f	die T____nte
die Z____ge	der R____se
die W____se	die ____nsel
sp____len	die W____ge
der P____nsel	die Fl____nte
t____f	z____len

Finde die Reimpaare und schreibe sie auf die Zeilen:

langer i-Laut (ie):

____

____

____

____

kurzer i-Laut (i):

____

____

lernserver • www.lernserver.de • info@lernserver.de • (0251) 83-28409

Buchstabensalat mit Tieren

Name: ....

Datum: ....

In diesem Buchstabensalat sind 14 Tiere versteckt, deren Namen einen betonten i-Laut haben. Suche sie und schreibe sie in die richtigen Spalten:

H O P F I S C H G P L B N M B I E N E S D J A L E N S L K
H I R S C H M K L A W R F L I E G E K A J U D R I N D S O
A B D H V T O A S K D H G H S P I N N E A L A S D L N W
M C A S T I E R A S D G Z I E G E Ö A S J D N S A S D J A
M S P I T Z F D S W I D D E R G F S A L Ö I L T I S K L S H
G D P A S J A D S C H I L D K R Ö T E P S A S J D L G B E
O A Ö N C H D A D E L E D W I E S E L E F D F I N K S S J

langer i-Laut (ie)	**kurzer i-Laut (i)**
______________________	______________________
______________________	______________________
______________________	______________________
______________________	______________________
______________________	______________________
______________________	______________________
______________________	______________________
______________________	______________________
______________________	______________________

© Uni Münster • Prof. Dr. F. Schönweiss & Team
Auer Verlag GmbH, Donauwörth

Mannschaftsspiel zur Vertiefung

Name: ....

Datum: ....

Mannschaftsspiel (Teamarbeit):

Jedes Kind bekommt ein Wort aus der Wortliste zugeteilt und schreibt es auf ein Karteikärtchen.

Alle Kärtchen werden in einer Schachtel gesammelt und gut gemischt. Zwei Mannschaften sitzen sich gegenüber. Die Anzahl der zu bearbeitenden Wörter wird angegeben (z. B. 10). Die Lehrkraft bietet dem ersten Kind von Mannschaft A die Schachtel zum Ziehen eines Wortkärtchens an. Das Kind liest vor, und Mannschaft B muss besprechen, ob der i-Laut lang (ie) oder kurz (i) ist. Das erste Kind von B schreibt das Wort an die Tafel (dabei darf ihm von der eigenen Mannschaft geholfen werden). Wenn das Wort richtig geschrieben ist, gibt es einen Punkt für B. Wenn das Wort falsch ist, wird ein Punkt abgezogen.

Dann zieht das zweite Kind von Mannschaft B ein Kärtchen und liest es vor. Mannschaft A bespricht die Schreibung, und das zweite Kind von A übernimmt die Arbeit an der Tafel. In diesem Sinne geht es weiter, bis alle 10 (oder mehr) Wörter bearbeitet wurden. Zum Schluss werden die Punkte gezählt und der Gewinner ermittelt.

Es ist sinnvoll, zuerst Wörter ohne zusätzliche Schwierigkeiten wie „ß" oder Doppelkonsonant als Wortkärtchen zu verwenden. Später kann eine Steigerung des Schwierigkeitsgrades erfolgen.

Wortliste:

Lang: ie:

Biene, Brief, dienen, Dienstag, dieser, Fliege, fliegen, Frieden, hier, Lieder, lieber, lieben, liefern, liegen, Liege, nie, niemand, riechen, sieben, spielen, Tier, tief, wie, wieder, Wiege, Wiese, Zwiebel, Spiegel, Ziegel

Kurz: i (zwei verschiedene Mitlaute danach)

binden, Birne, Ding, finden, Finger, Fisch, frisch, Hilfe, hinten, klingen, Licht, links, mich, Milch, nichts, richtig, Ring, Schrift, sicher, sind, singen, sinken, springen, Stift, Stirn, Tisch, trinken, wild, Wind, Winter, wirklich, zwischen

Kurz: i (zwei gleiche Mitlaute danach)

billig, ein bisschen, bitte, Brille, Himmel, Mittag, Mitte, Mittwoch, schicken, Schiff, Schlitten, schwimmen, sitzen, spitz, still, wissen, Zimmer

Wörter mit zusätzlichen Schwierigkeiten:

Bild (d oder t? Ableitung); fließen, gießen (ß); fliehen, ziehen (Silben-h); vier, viel („v"), vielleicht („v" und „ll" durch Zusammensetzung)

lernserver • www.lernserver.de • info@lernserver.de • ☎ (0251) 83-28409

© Uni Münster • Prof. Dr. F. Schönweiss & Team
Auer Verlag GmbH, Donauwörth

lernserver
Interaktive Förderdiagnostik

Lückendiktat mit langem „ie“ und kurzem „i“

Name: ....

Datum: ....

Lückendiktat mit i-Lauten:

Sprich dir die Lückenwörter leise vor:
Wenn der i-Laut lang ist, schreibst du „ie“.
Wenn er kurz ist, schreibst du „i“.

Abermakaber und Hokus sp___len auf einer W___se Federball. Sie spr___ngen dabei w___ld hin und her und s___ngen in den höchsten Tönen ein K___nderl___d nach dem anderen.
Eine kleine B___ne, die auf derselben W___se von Blüte zu Blüte fl___gt und Blütenstaub einsammelt, f___ndet das gar nicht gut. ___mmer w___der muss sie den beiden Jungen fl___nk ausweichen, damit sie nicht angestoßen oder zertreten wird.
„Gleich steche ich dich in den F___nger, mein L___ber“, brummt sie böse, als Abermakaber zwischen dem Löwenzahn nach dem Federball sucht, ausgerechnet h___r, wo sie sich gerade n___dergelassen hat. Da entdeckt der kleine Zauberer das schwarz-gelbe T___rchen und ruft Hokus erschrocken zu: „Oh, eine B___ne, fast hätte ich sie zertrampelt! Lass uns ein b___sschen weiter nach l___nks gehen!“
„Na b___tte, so achtlos, w___ ich dachte, ist der kleine Zauberer gar nicht“, denkt die B___ne und r___cht zufr___den an einer sonnengelben Blüte. „Jetzt kann ich also doch in Ruhe meiner Arbeit nachgehen.“ Das mit dem Stechen hatte sie ja eigentlich auch nicht w___rklich ernst gemeint.

lernserver • www.lernserver.de • info@lernserver.de • ☎ (0251) 83-28409

© Uni Münster • Prof. Dr. F. Schönweiss & Team
Auer Verlag GmbH, Donauwörth

Ausnahmen: Merkwörter

Name: ....

Datum: ....

Folgende Ausnahmewörter werden nur mit „i“ geschrieben, obwohl das betonte „i“ lang klingt.
Schreibe sie ab und merke sie dir gut.

Vier Tiere mit „i“:

der **Biber**
der **Igel**
der **Tiger**
das **Nilpferd**

Zwei bekannte Bücher mit „i“:

die **Bibel**
die **Fibel**

Eine schöne Farbe und ein schönes Lob mit „i“:

lila
prima

Eine wichtige Maßeinheit mit „i“:

Kilo (Kilogramm, Kilometer)

Vier häufige kleine Wörter mit „i“:

er **gibt**
dir, mir, wir

und alle Wörter mit **–ine** am Ende, zum Beispiel:

Rosine
Mandarine

lernserver • www.lernserver.de • info@lernserver.de • (0251) 83-28409

Rätsel mit Ausnahmewörtern

Name: ....

Datum: ....

Wenn du die Ausnahmewörter mit langem „i“ gut gelernt hast, ist das folgende Silbenrätsel kein Problem für dich.

bel – ger – li – Man – la – Fi – I – bel –
ri – gel – Ro – ne – pri – Bi – ma – Bi –
Nil – Ti – ber – Ki - da – ne – si – lo – pferd

Ein sehr großes Tier mit riesigen Zähnen: das ________________

Ein ganz berühmtes, uraltes Buch: die ________________

Ein wildes Tier mit mit schwarzen Streifen: der ________________

Wenn man blau und rot mischt, erhält man: ________________

Ein Schulbuch für die Grundschule: die ________________

Ein kleines Tier mit Stacheln: der ________________

Eine getrocknete Traube: die ________________

Ein anderes Wort für „toll“ und „klasse“: ________________

Ein Nagetier, das Baumstämme anknabbert und am Fluss lebt: der ________________

Sie ist orange, aber kleiner als eine Orange: die ________________

Chris kauft Bananen, und zwar zwei... ________________

lernserver • www.lernserver.de • info@lernserver.de • (0251) 83-28409

© Uni Münster • Prof. Dr. F. Schönweiss & Team
Auer Verlag GmbH, Donauwörth

Ausnahmen: Wiederholung der Merkwörter

Name: ....

Datum: ....

Kannst du die Merkwörter mit langem „i“ auswendig?

1. Finde selbst drei Wörter mit „–ine“ am Ende.
Tipp: Denke dabei auch an Früchte!

____

2. Fallen dir die vier Tiere mit langem „i“ ein?

____

3. Weißt du noch die zwei Bücher mit langem „i“? Sie reimen sich!

____

4. Setze den folgenden Satz in die Einzahl:
Sie geben den Goldhamstern Wasser und Futter.

Er ____

5. Zwei Pfund sind ein ____________________.

6. Wie heißen die drei Fürwörter mit langem „i“?

____

7. Wie heißt die Farbe mit langem „i“? __________________

8. Das hast du __________________ gemacht!

lernserver • www.lernserver.de • info@lernserver.de • ☎ (0251) 83-28409

© Uni Münster • Prof. Dr. F. Schönweiss & Team
Auer Verlag GmbH, Donauwörth

Ausnahmen: „ih“ in Fürwörtern

Name: ....

Datum: ....

Eines musst du dir noch merken:
Es gibt auch einen langen i-Laut, der „ih“ geschrieben wird.
Dieses „ih“ kommt nur in persönlichen Fürwörtern vor, die mit „i“ beginnen:

ihn, ihm, ihr, ihnen, ihren

Setze die richtigen Fürwörter ein:

Ich habe Georg gesehen.

Ich habe __________ gesehen.

Du hast Michael ein Buch gegeben.

Du hast __________ ein Buch gegeben.

Er hat seiner Mutter alles erzählt.

Er hat __________ alles erzählt.

Der Lehrer hat den Kindern geholfen.

Der Lehrer hat _______________ geholfen.

Margit hat gestern Ulrikes Bruder in der Stadt getroffen.

Margit hat gestern _______________ Bruder in der Stadt getroffen.

lernserver • www.lernserver.de • info@lernserver.de • ☎ (0251) 83-28409

© Uni Münster • Prof. Dr. F. Schönweiss & Team
Auer Verlag GmbH, Donauwörth

Lückensätze mit Ausnahmen

Name: ....

Datum: ....

Setze die verschiedenen i-Laute in die Lückenwörter ein. Prüfe zuerst, ob der i-Laut lang oder kurz ist und denke auch an die Ausnahmen!

i – ie – i – ih – ie – ie – i – ie – ie – ie – i - ih -
i – ie – ie – i – ie – i – i – i – ie – ie – i - ie

Abermakaber l_____bt N_____lpferde.

Hokus f_____ndet T_____ger toll.

Beide haben _____r Taschengeld für den Zoo ausgegeben.

Sie sch_____ben sich durch die v_____len Zuschauer nach vorn.

Dort sp_____len junge Raubkatzen m_____teinander und toben herum.

Ein ganz w_____nziges Baby kr_____cht an den Bauch seiner Mutter.

„Eigentlich müsste der Kleine in einer W_____ge l_____gen“, meint Abermakaber.

„Pfffffh“, macht Hokus, „das würde _____n ja total verweichlichen!“

Dann gehen sie zum N_____lpferd. Dort r_____cht es nicht besonders gut, und Hokus rümpft die Nase.

„Puh, ist das r_____sig!“, k_____chert er.

„Es sieht aber sehr n_____dlich aus“, verteidigt es Abermakaber.

„Niedlich? Das w_____gt ja m_____ndestens 1000 K_____lo!“

Da taucht das T_____r ins Wasser und bleibt volle fünf M_____nuten verschwunden.

lernserver • www.lernserver.de • info@lernserver.de • ☎ (0251) 83-28409

© Uni Münster • Prof. Dr. F. Schönweiss & Team
Auer Verlag GmbH, Donauwörth

lernserver
Interaktive Förderdiagnostik

Brettspiel mit i- und ie-Wörtern

Name: ....

Datum: ....

Brettspiel mit i- und ie-Wörtern. Du brauchst dazu:

- mindestens noch einen Mitspieler
- ein Blatt Papier und einen Stift für jeden
- einen Würfel für jeden
- eine Spielfigur für jeden
- die Aufgabenkärtchen
- den Spielplan

Die Aufgabenkärtchen werden kopiert, ausgeschnitten und verdeckt auf einen Stapel gelegt.

Das Spielfeld wird auf festes Papier kopiert und in die Mitte des Tisches gelegt.

Alle Spieler stellen ihre Spielfiguren auf das Spielfeld. Der Spieler mit den längsten Haaren darf anfangen. Ihr würfelt abwechselnd und geht mit eurer Spielfigur so viele Felder weiter, wie die gewürfelte Zahl vorgibt.

Wer auf ein Sternenfeld kommt, zieht eine Aufgabenkarte, die der Lehrer, die Lehrerin oder der Mitspieler auf deiner rechten Seite vorliest. Wenn der Spieler die Aufgabe auf dem Kärtchen richtig löst, darf er zwei Felder vorrücken. Löst er die Aufgabe nicht, muss er zwei Felder zurück. Kommt er dabei wieder auf ein Sternenfeld, kann er selbst entscheiden, ob er noch einmal eine Karte ziehen will.

Sieger ist, wer als Erster im Ziel ist.

lernserver • www.lernserver.de • info@lernserver.de • ☎ (0251) 83-28409

© Uni Münster • Prof. Dr. F. Schönweiss & Team
Auer Verlag GmbH, Donauwörth

Brettspiel mit i- und ie-Wörtern

Name: ....

Datum: ....

Aufgabenkärtchen:

Rätsel: Was haben ein Spiegel und ein Brief gemeinsam?	Stehe auf einem Bein und beuge dich zehn Sekunden lang vor. Oder: Finde mindestens zwei Wortverwandte für „lieb“.
Heute bist du bewegungsfaul und gehst erst in der nächsten Runde weiter.	Suche ein Zeitwort mit „ie“, das du den anderen ohne Worte vorspielen kannst. Wenn sie es erraten, darfst du noch einmal würfeln.
Mache zehn Kniebeugen oder setze eine Runde aus.	Stehe aus dem Schneidersitz ohne Hände wieder auf oder schreibe „Siebenmeilenstiefel“ an die Tafel.
Schreibe „Wiese“ und „schieben“ an die Tafel.	Wie wird „Biene“ geschrieben?
Wie wird „Brief“ geschrieben?	Wie wird „Fisch“ geschrieben?

lernserver • www.lernserver.de • info@lernserver.de • ☎ (0251) 83-28409

© Uni Münster • Prof. Dr. F. Schönweiss & Team
Auer Verlag GmbH, Donauwörth

Brettspiel mit i- und ie-Wörtern

Name: ....

Datum: ....

Wie wird „Biber“ geschrieben?	Wie wird „Tiger“ geschrieben?
Schreibe „Mandarine“ an die Tafel.	Schreibe „Fliege“ an die Tafel.
Schreibe „Zwiebel“ an die Tafel.	Schreibe „Spiegel“ an die Tafel.
Schreibe „Birne“ an die Tafel.	Schreibe „winzig“ an die Tafel.
Finde zwei Wortverwandte zu „fliegen“.	Finde zwei Wortverwandte zu „spielen“.
Nenne drei Wörter mit „ie“.	Nenne drei Wörter mit langem „i“.

lernserver • www.lernserver.de • info@lernserver.de • ☎ (0251) 83-28409

© Uni Münster • Prof. Dr. F. Schönweiss & Team
Auer Verlag GmbH, Donauwörth

Brettspiel mit i- und ie-Wörtern

Name: ....

Datum: ....

Bei welchen Wörtern kommt „ih“ vor?	Nenne drei Wörter mit kurzem „i“.
Schreibe „Ring“ und „riechen“.	Schreibe „Lied“ und „Wiege“.
Schreibe „prima“ und „Igel“.	Schreibe „lila“ und „liegen“.
Ziehe einmal deine Schuhe an und aus oder schreibe „zwischen“ und „tief“.	Schreibe „Stirn“ und „Frieden“.
Erzähle, was dein Lieblingsgericht ist, oder schreibe das Wort an die Tafel.	Finde einen Wortverwandten zu „Sieb“.

lernserver • www.lernserver.de • info@lernserver.de • ☎ (0251) 83-28409

Brettspiel mit i- und ie-Wörtern

Name: ....

Datum: ....

Spielplan (du kannst noch Bilder dazumalen oder aufkleben):

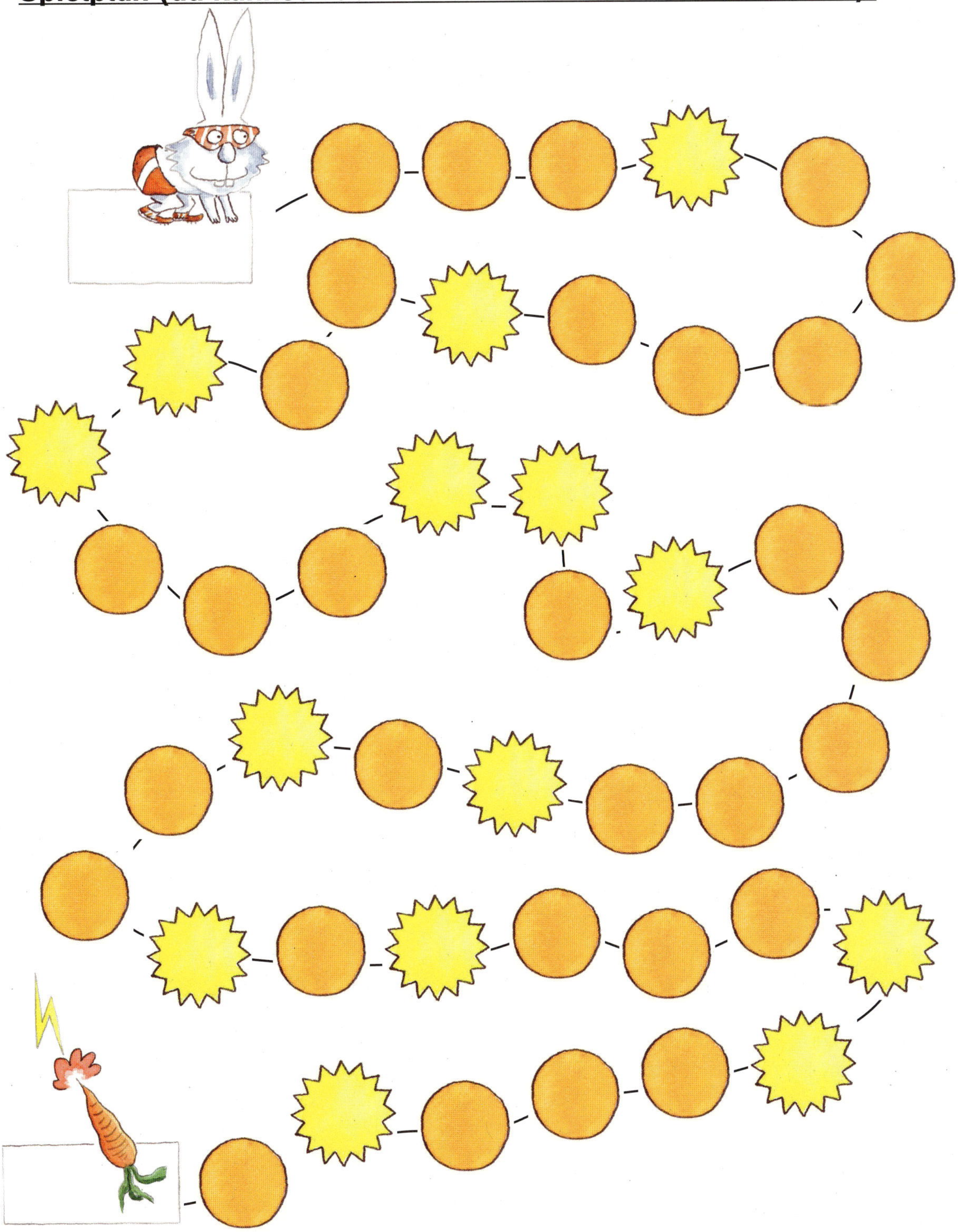

lernserver • www.lernserver.de • info@lernserver.de • (0251) 83-28409

© Uni Münster • Prof. Dr. F. Schönweiss & Team
Auer Verlag GmbH, Donauwörth

lernserver
Interaktive Förderdiagnostik

Diktat-Auswahl mit Schwerpunkt i-Laut

Name: ....

Datum: ....

Diktat-Auswahl mit Schwerpunkt i-Laut:

Ich schreibe meiner Oma einen Brief. Dazu male ich ihr ein Bild. Meine neuen Stifte sind ganz spitz. Sie malen prima. Auf dem Bild gibt es sieben Tiere. Ein Tiger, ein Igel, ein Biber, ein Nilpferd, eine Biene und zwei Fliegen. Meine Oma liebt Tiere.

Am Montag spielt der Igel mit dem Biber.
Am Dienstag fliegt die Biene auf die Wiese.
Am Mittwoch schaut der Tiger in den Spiegel.
Am Donnerstag findet der Fisch einen Ring.
Am Freitag singt die Fliege ihre Lieder.
Am Samstag trinkt das Nilpferd Milch.
Am Sonntag sitzen alle ganz still.

Ich wohne auf einer Insel. Alle Dinge werden hier mit einem Schiff geliefert. Ich trinke gerne Milch. Die muss aber ganz frisch sein. Oft ist es sehr windig. Dann hoffe ich, dass das Schiff nicht sinkt.

Im Winter sind wir bei Wind und Wetter mit dem Schlitten draußen. Da kann man leicht krank werden. Deshalb brauchen wir viele Vitamine. Das ist wichtig. Wir können Saft trinken oder Obst essen. Auch Zwiebeln sind da richtig. Ich mag aber Mandarinen lieber.

Tina, die kleine, dicke Nilpferddame, liegt friedlich auf ihrer Liege und schläft tief. Sie träumt von einem Fisch mit einer riesigen Praline im Maul. Da tippt etwas auf ihre Stirn. Die Biene hat ihr einen Brief vom Tiger gebracht. Tina kennt die Schrift. Er hat mit einem roten Stift auf das Papier geschrieben. Sie will wissen, was da steht. Doch wo ist ihre Brille?

lernserver • www.lernserver.de • info@lernserver.de • ☎ (0251) 83-28409

lernserver
Interaktive Förderdiagnostik

Regelkunde für Kinder

lernserver • www.lernserver.de • info@lernserver.de • (0251) 83-28409

© Uni Münster • Prof. Dr. F. Schönweiss & Team
Auer Verlag GmbH, Donauwörth

Regelkunde für Kinder

Die Dehnung

Die Grundregel:
Jedes deutsche Wort hat **einen** **Betonungsgipfel**. Das kann ein Selbstlaut (a, e, i, o, o, u) oder ein Umlaut (ä, ö, ü) oder ein Zwielaut (au, äu, eu, ei, ai) sein.

Dieser Betonungsgipfel wird entweder **kurz** oder **lang** gesprochen.

Wird er **lang** gesprochen, gibt es dafür verschiedene „Längezeichen":

1. **Ein** Mitlaut nach dem langen betonten Selbstlaut:
   Hose
2. Das **Dehnungs-h** vor l, m, n oder r:
   Zahn
3. Die **Doppelvokale** aa, ee, oo:
   Boot
4. Der lange i-Laut: i, ie, ih, ieh:
   Tiger, spielen, ihr, er sieht

Keines dieser Längezeichen kann man hören! Man hört nur, dass der **betonte** Selbstlaut **lang** ist. Welches Längezeichen in welchem Wort steht, muss man lernen.

Zu 1.
Das einfachste Längezeichen ist der **eine** **Mitlaut** hinter dem langen betonten Selbstlaut. Solche Wörter kommen ziemlich häufig vor:

lôsen, Rôse, Nâse, Tâfel, Wâgen, Wût, sâgen, frâgen

lernserver • www.lernserver.de • info@lernserver.de • ☎ (0251) 83-28409

© Uni Münster • Prof. Dr. F. Schönweiss & Team
Auer Verlag GmbH, Donauwörth

Zu 2.
Das stumme **Dehnungs-h** kommt ebenfalls häufig vor. Es steht aber nur dann, wenn du nach dem langen betonten Selbstlaut ein **l**, **m**, **n** oder **r** hörst. Merke dir also:

Das Dehnungs-h steht nur,
wenn du nach einem langen betonten Selbstlaut ein
l, m, n oder r hörst.

Beispiele:

die So**hl**e, der Le**hm**, der Za**hn**, das O**hr**

ABER:
Diese Regel ist eine „Kann"-Regel. Das bedeutet, dass das Dehnungs-h vor l, m, n oder r stehen „kann". Es **muss** aber **nicht**.

Übrigens:
Die Buchstaben l, m, n und r kannst du dir leichter merken, wenn du sie als Anfangsbuchstaben für einen ganzen Satz nimmst, zum Beispiel:

Lass **m**ich **n**icht **r**adieren.

Wortverwandte:
Wenn in der Grundform ein Dehnungs-h steht, musst du es auch in verwandten Formen schreiben, zum Beispiel:

wo**hn**en: er wo**hn**te, sie hat gewo**hn**t, die Wo**hn**ung

lernserver • www.lernserver.de • info@lernserver.de • ☎ (0251) 83-28409

© Uni Münster • Prof. Dr. F. Schönweiss & Team
Auer Verlag GmbH, Donauwörth

Es gibt nun zwei Möglichkeiten, sich die Wörter mit Dehnungs-h zu merken:

a) Du legst in einem Heft oder auf einem Stück bunter Pappe vier Spalten an. Jedes Wort mit „h“, das dir begegnet, schreibst du hinein und merkst es dir gut:

hl	hm	hn	hr
Zahl	Lehm	zehn	Ohr
Fohlen	lahm	dehnen	Rohr

b) Du lernst die Regeln und die Ausnahmen zum Dehnungs-h. Die Grundregel kennst du schon:

> **Das Dehnungs-h steht nur,**
> **wenn du nach einem <u>langen</u> betonten Selbstlaut ein**
> **l, m, n oder r hörst.**

lernserver • www.lernserver.de • info@lernserver.de • ☎ (0251) 83-28409

© Uni Münster • Prof. Dr. F. Schönweiss & Team
Auer Verlag GmbH, Donauwörth

Die Ausnahmen:
Das Dehnungs-h steht NICHT bei Wörtern, die mit **qu** oder **t** oder **sch** anfangen. Denke dir als Eselsbrücke ein „a“ dazwischen, dann ergibt sich das Wort „Qu-a-t-sch“.

Beispiele:

qu:	quer, quälen, Qual
t:	tönen, Tür, Tal
sch:	schwer, Schal, Schere

Das Dehnungs-h steht NICHT bei Wörtern, die mit **zwei** oder mehr Mitlauten **anfangen**:

Beispiele:

sp:	sparen, spülen
gr:	grün
kr:	Kran, kramen
st:	stören, Star

Merke hier aber die Ausnahmen von den Ausnahmen:

Stuhl, stehlen, stöhnen, strahlen	und ihre Ableitungen

Das Dehnungs-h steht NICHT bei folgenden Merkwörtern, die du auswendig lernen musst:

Ameise	hören	malen
Bär	Honig	Monat
Dame	komisch	Name
holen	König	wenig

lernserver • www.lernserver.de • info@lernserver.de • ☎ (0251) 83-284 09

© Uni Münster • Prof. Dr. F. Schönweiss & Team
Auer Verlag GmbH, Donauwörth

Das Dehnungs-h steht NICHT bei
folgenden kleinen Wörtern, die du aber sowieso richtig schreibst:

nur, der, den, denen, wer, wem, wen, her, mal, ich war, sogar

Achtung!
Es gibt auch noch das **„Silben-h“**. Es steht zwischen einem langen, betonten Selbstlaut und einem kurzen, um diese beiden voneinander zu trennen. Hier kannst du es auch **hören**, wenn du deutlich sprichst:

die K<u>ü</u>-he, die Sch<u>u</u>-he, s<u>e</u>-hen, g<u>e</u>-hen, fr<u>ü</u>-her

Manchmal ist das Silben-h aber auch **stumm**, nämlich dann, wenn es am Ende eines Wortes oder vor einem Mitlaut steht:

die Kuh, der Schuh, ihr seht, sie geht, früh

lernserver • www.lernserver.de • info@lernserver.de • ☎ (0251) 83-28409

© Uni Münster • Prof. Dr. F. Schönweiss & Team
Auer Verlag GmbH, Donauwörth

Zu 3.
Für Wörter mit den **Doppelselbstlauten aa, oo und ee** gibt es keine Regel. Du musst diese Wörter einfach auswendig lernen:

<u>Wörter mit „aa“:</u>

das Haar
ein paar
die Waage

<u>Wörter mit „oo“:</u>

das Boot
doof
der Zoo

<u>Wörter mit „ee“:</u>

die Beere
leer
das Meer
der Schnee
der See
der Tee

lernserver • www.lernserver.de • info@lernserver.de • ☎ (0251) 83-28409

lernserver
Interaktive Förderdiagnostik
© Uni Münster • Prof. Dr. F. Schönweiss & Team
Auer Verlag GmbH, Donauwörth

Zu 4.
Der **lange i-Laut**:
Wenn du in einem Wort einen i-Laut hörst, überlege dir, ob er lang oder kurz gesprochen wird.

Wird er **lang** gesprochen, schreibst du „**ie**“.

die W**ie**se, der Br**ie**f

Wird er **kurz** gesprochen, schreibst du „**i**“:

das S**i**lber, k**i**chern

Jetzt musst du dir noch ein paar Wörter merken, die einen langen „i“-Laut haben, aber trotzdem nur mit „i“ geschrieben werden:

der B**i**ber
der **I**gel
der T**i**ger
das N**i**lpferd

die B**i**bel
die F**i**bel

l**i**la
pr**i**ma

K**i**lo

er g**i**bt
d**i**r, m**i**r, w**i**r

alle Wörter mit –**i**ne am Ende:
Apfels**i**ne, Mandar**i**ne, Masch**i**ne

lernserver • www.lernserver.de • info@lernserver.de • ☎ (0251) 83-28409

© Uni Münster • Prof. Dr. F. Schönweiss & Team
Auer Verlag GmbH, Donauwörth

ih:

„ih“ gibt es nur in den persönlichen Fürwörtern:

ihm, ihn, ihr, ihnen, ihren, ihretwegen

ieh:

„ieh“ gibt es nur in einem einzigen Namenwort und seinen Ableitungen:

das Vieh, die Viehzucht, das Rindvieh

Ansonsten kommt es nur in Zeitwörtern vor, die in der Grundform ein „h“ haben:

er sieht	kommt von sehen
er flieht	kommt von fliehen

lernserver • www.lernserver.de • info@lernserver.de • (0251) 83-28409

© Uni Münster • Prof. Dr. F. Schönweiss & Team
Auer Verlag GmbH, Donauwörth

Eigener Wegweiser:

Vielleicht kannst du ja die Sache mit der Dehnung anders besser verstehen? Schreibe hier mit deinen eigenen Worten die Regel auf. Du darfst dich auch mit anderen Kindern beraten.
Hast du auch ein paar Lieblingswörter, die du dir besonders gut merken möchtest?

lernserver • www.lernserver.de • info@lernserver.de • ☎ (0251) 83-28409

© Uni Münster • Prof. Dr. F. Schönweiss & Team
Auer Verlag GmbH, Donauwörth

lernserver
Interaktive Förderdiagnostik

Hinweise für Lehrer und Eltern

lernserver • www.lernserver.de • info@lernserver.de • (0251) 83-28409

Hinweise für Lehrer und Eltern

<u>Die Dehnung</u>

Allgemeines:

Die Dehnung ist eines der problematischsten Kapitel der deutschen Rechtschreibung, da die Länge eines Vokals auf nicht weniger als 5 verschiedene Arten gekennzeichnet werden kann:

1. Das Wort endet mit einem einfachen Vokal: du, so, wo, ja, zu, da
2. Nur ein Konsonant folgt auf den betonten Vokal (ohne Dehnungszeichen)
3. Das Dehnungs-h in manchen Wörtern vor l, m, n, r
4. Die Doppelvokale aa, oo, ee
5. Der lange i-Laut (ie, ih, ieh)

Alle Dehnungszeichen sind NICHT hörbar! Nur am langen betonten Selbstlaut erkennt man, dass eine Dehnung folgen muss. Welche, muss man lernen!
Leider gibt es nun zu den oben genannten „Längezeichen“ auch noch einige Ausnahmen zu merken, die auf den ersten Blick erst einmal abschreckend wirken können. Lassen Sie sich aber nicht davon entmutigen! Eine systematische Regelaufstellung bietet eine sehr gute Stütze vor allem für jene Kinder, die sich ein Wort nur schwer aufgrund seines Schriftbildes merken können: Teer, Tehr oder Ter? Wiese, Wise, Wihse oder Wiehse? Hier ist schon so manches Kind verzweifelt, das nicht wenigstens einen kleinen Rahmen geliefert bekam, der es ihm ermöglichte, sich im Labyrinth der Dehnungen zurechtzufinden, **ohne** alle Wörter der deutschen Sprache **auswendig** lernen zu müssen.
Natürlich braucht es ein gutes Stück Geduld von beiden Seiten, vor allem deshalb, weil auf keinen Fall in zu großen Schritten vorgegangen werden darf. Der Merkstoff würde sonst schnell zu einem Folterinstrument mutieren und seinen Zweck verfehlen, eine gewisse strukturelle Übersicht und damit Selbstständigkeit im Umgang mit der Sprache zu vermitteln. Dadurch aber, dass man „Häppchen für Häppchen“ verabreicht, schafft man eine Grundsicherheit, die durch Wiederholung und Üben so ausgebaut und gefestigt werden kann, dass die „Dehnung“ bald ihren Schrecken verliert.

Eine Alternative für Kinder, die aufgrund ihrer kognitiven Entwicklung noch nicht so weit sind, sich komplexere Sachverhalte aneignen zu können, bietet die Arbeit mit Dehnungs-h- und ie-Wortlisten. Es ist aber eine Illusion zu glauben, dass auf diese Weise weniger gelernt und geübt werden müsste. Letztendlich liegt die Entscheidung beim Pädagogen, der das Kind am besten kennt, welche „Methode“ die richtige für es ist. Das kann bedeuten, nach dem „Try-and-Error-Prinzip“ arbeiten und das einmal gewählte Verfahren wieder auf Eis legen zu müssen, um es zu

lernserver • www.lernserver.de • info@lernserver.de • ☎ (0251) 83-28409

© Uni Münster • Prof. Dr. F. Schönweiss & Team
Auer Verlag GmbH, Donauwörth

einem späteren Zeitpunkt eventuell noch einmal hervorzuholen. Das Beharren auf einer bestimmten Methodik, mit der vor allem ein rechtschreibschwaches Kind nichts anfangen kann, ist kontraproduktiv und für alle Beteiligten eine Qual.

Allen Schülern aber, egal, auf welche Art und Weise sie die Dehnung lernen, kann man zumindest drei Punkte an die Hand geben, die einen Großteil Fehler verhindern helfen:

1. Dehnungszeichen können nur nach einem **langen betonten** Selbstlaut vorkommen. Dieser betonte Selbstlaut steht in deutschen Wörtern meistens in der ersten Silbe (Ausnahmen: Zusammensetzungen und Wörter mit Vorsilben).
2. In Vor- und Nachsilben wird NIE gedehnt.
3. Nach Zwielauten (au, äu, eu, ei, ai) wird NIE gedehnt.

Die Regeln:

1. Das Dehnungs-h (l, m, n, r-Regel)

Das Dehnungs-h fungiert als Zeichen für die Länge eines betonten Vokals oder Umlauts (für „i“ gilt eine Sonderregelung). Es steht aber nur dann nach einem betonten Vokal, wenn ein l, m, n oder r danach folgt:

das Fôhlen, zâhm, die Bôhne, der Bôhrer

Das Dehnungs-h ist ein häufiges Längezeichen und als Prinzip für das Deutsche typisch. In Fremdwörtern steht nie ein Dehnungs-h! Man erkennt Fremdwörter oft daran, dass sie auf der zweiten oder dritten Silbe betont sind, z. B. Limonâde, Banâne, Krokodîl.

Das Dehnungs-h bleibt auch in gebeugten Formen und Ableitungen erhalten, so lange der betonte Vokal **lang** ist:

ke**h**ren	→	er ke**h**rt, er hat geke**h**rt
la**h**m	→	gelä**h**mt
ne**h**men	→	er na**h**m (aber: er nimmt!)
ste**h**len	→	er stie**h**lt, er hat gesto**h**len

Zusammengesetzte Wörter müssen getrennt und jeder Wortteil einzeln auf seine Betonung hin überprüft werden, um die richtige Schreibung herauszufinden:

Straßenbahn → die Strâße, die Bâhn

lernserver • www.lernserver.de • info@lernserver.de • ☎ (0251) 83-28409

© Uni Münster • Prof. Dr. F. Schönweiss & Team
Auer Verlag GmbH, Donauwörth

Leider ist die l, m, n, r-Regel des Dehnungs-h eine „Kann-Regel“ und trifft nicht auf alle Wörter zu:

die Dame, die Tür, quälen, grün

Diejenigen Wörter, die trotz l, m, n oder r kein Dehnungs-h nach dem langen betonten Vokal haben, lassen sich in vier Gruppen einteilen (siehe unten) und können auf diese Weise eingegrenzt werden.

Ausnahmen von der l, m, n, r-Regel:

a) Das Dehnungs-h steht NICHT, wenn es sich um Wörter oder betonte Silben handelt, die im Anlaut ein „qu“, „t“ oder „sch“ haben, z. B.:

die Qual, bequem, quer
der Ton, das Tor, die Träne
der Schwan, der Schal, schwer

Als Eselsbrücke für die Kinder kann das Wort „Qu-a-t-sch“ dienen, damit sie sich die Buchstaben besser merken können.

b) Das Dehnungs-h steht NICHT, wenn es sich um Wörter oder betonte Silben handelt, die mit einer Konsonantenhäufung (sp, st, kr, gr) beginnen, z. B.:

spülen, der Strom, der Kran, grün, die Blume, die Krume, die Träne

Hier gibt es nun die „Ausnahmen von der Ausnahme“, die man sich auswendig merken muss:

Stuhl, stehlen, stöhnen, Strahl, Stahl, Strähne, empfehlen, prahlen, Pfahl, Pfuhl, dröhnen, Drohne

lernserver • www.lernserver.de • info@lernserver.de • ☎ (0251) 83-28409

© Uni Münster • Prof. Dr. F. Schönweiss & Team
Auer Verlag GmbH, Donauwörth

c) Weitere Wörter OHNE Dehnungs-h, die die Kinder normalerweise aber sowieso nicht falsch schreiben, sind:

nur, der, den, denen, wer, wem, wen, her, mal, ich war, sogar

d) Das Dehnungs-h steht NICHT in folgenden Ausnahmen, die auswendig gelernt werden müssen (für die unteren Klassen kommen nur ungefähr 12 davon in Frage):

Ameise	hören	Pol
Bär	Honig	Pore
Bar	Hüne	pur
Dame	jemand	rar
Demut	komisch	Reling
Düne	König	Samen
Elend	Kur	selig
empor	Kür	Wal
Feme	Lama	Ware
gar	Mal	wenig
gären	malen	Wermut
gebären	Mole	Zar
Hering	Name	Zone
her	nur	
holen	Öl	

Zu beachten sind einige Wörter, die gleich gesprochen, aber anders geschrieben werden, z. B.:

dehnen – denen
mahlen – malen (Mahl – Mal)
mehr – Meer
Mohr – Moor
Wahl – Wal
währen – sie wären
wahr – war
lehren – leeren
Uhr – Ur (Auerochse)

lernserver • www.lernserver.de • info@lernserver.de • ☎ (0251) 83-28409

© Uni Münster • Prof. Dr. F. Schönweiss & Team
Auer Verlag GmbH, Donauwörth

Liste der wichtigsten Wörter mit Dehnungs-h:

kahl, Mahl, mahlen, Pfahl, prahlen, Stahl, Strahl, Wahl, Zahl
befehlen, empfehlen, fehlen, Kehle, Mehl, stehlen
Bohle, Dohle, Fohlen, johlen, hohl, Kohl, Kohle, Sohle, wohl
Kuhle, Stuhl
allmählich, vermählen
fühlen, kühlen, Mühle
wühlen

lahm, nachahmen, Rahm, Rahmen, zahm
angenehm, genehmigen, nehmen, Lehm, vornehm
Ruhm

ahnen, Bahn, Fahne, Hahn, Kahn, Sahne, Wahn, Zahn
dehnen, sich lehnen, sich sehnen, Sehne, zehn
Bohne, bohnern, Drohne, Hohn, Lohn, Mohn, ohne, Sohn, wohnen
Huhn
ähnlich, erwähnen, gähnen, Mähne, Strähne
dröhnen, Föhn, gewöhnen, stöhnen, versöhnen
Bühne, kühn, Sühne

aufbewahren, Bahre, fahren, Jahr, Nahrung, wahr
begehren, entbehren, kehren, lehren, mehr, mehren, sehr, verkehren, vermehren, verzehren, sich wehren, zehren
Bohrer, Mohr, Mohrrübe, Ohr, Rohr
Uhr
Ähre, bewähren, gewähren, ungefähr, während
Möhre, Röhre, röhren, Nadelöhr
berühren, führen, Gebühren, rühren

lernserver • www.lernserver.de • info@lernserver.de • ☎ (0251) 83-28409

© Uni Münster • Prof. Dr. F. Schönweiss & Team
Auer Verlag GmbH, Donauwörth

2. Das Silben-h

Das Silben-h hat eigentlich mit dem Phänomen „Dehnung“ nur insofern etwas zu tun, als es nur nach einem **langen** betonten Vokal stehen kann. Es darf aber nicht mit dem Dehnungs-h verwechselt werden! Es ist ein gesprochenes „h“, dessen Aufgabe darin besteht, die Silbenfuge zu markieren bzw. einen betonten langen Vokal von einem unbetonten zu trennen:

blü –hen, se-hen, Kü-he

Hierbei ist unbedingt darauf zu achten, dass nicht /Kü-je/ gesprochen wird, sondern tatsächlich „Kü-he“.

Bei gebeugten Formen bleibt das Silben-h erhalten. Es kann hörbar gemacht werden, indem man die Grundform sucht oder das Wort verlängert:

es zieht	→	ziehen
sie mäht	→	mähen
ihr flieht	→	fliehen
der Floh	→	die Flöhe
nah	→	nahe, näher
Frühstück	→	Frühe, früher
der Draht	→	drehen
die Naht	→	nähen
Weihnachten	→	die Weihe

Das Silben-h kann im Gegensatz zu einem Dehnungs-h auch nach dem Zwielaut „ei“ stehen:

gedeihen, leihen, Reihe, Reiher, seihen, verzeihen, Weiher, Geweih

Aber: schneien, schreien, leiern, eiern, Geier, Feier, bleiern

Ausnahmen, bei denen das „h“ nicht übernommen wird:

blühen	→	die Blüte
glühen	→	die Glut
nähen	→	die Naht

lernserver • www.lernserver.de • info@lernserver.de • ☎ (0251) 83-28409

© Uni Münster • Prof. Dr. F. Schönweiss & Team
Auer Verlag GmbH, Donauwörth

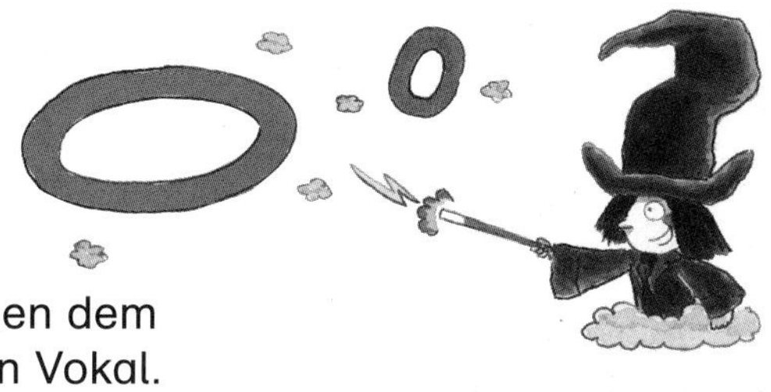

3. Die Doppelvokale:

Die Doppelvokale aa, ee, oo kennzeichnen neben dem Dehnungs-h ebenfalls einen lang gesprochenen Vokal.
Es gibt keine Regel, nach der man sich hier richten könnte. Da die Doppelvokale aber nicht besonders häufig vorkommen, kann man die wichtigsten Wörter gut auswendig lernen.

aa:

der Aal	das Paar, ein paar
das Aas	der Saal
das Haar	der Staat
der Maat	die Waage

und alle abgeleiteten Wörter, z. B.: staatlich, haarig usw.

oo:

das Boot	das Moos
doof	der Zoo
das Moor	

und alle von ihnen abgeleiteten Wörter, z. B.: vermoost

ee:

die Armee	der Kaffee	der See
die Beere	der Klee	die Seele (seelisch, selig!)
das Beet	leer	der Speer
die Fee	das Meer	der Tee
das Heer	die Moschee	der Teer
die Idee	der Schnee	

und alle von ihnen abgeleiteten Wörter, z. B.: geteert

Seltenere Wörter mit „ee“:

die Allee	scheel
das Gelee	die Tournee
der Lorbeer	das Varietee (oder: Varieté)
der Reeder	

und alle von ihnen abgeleiteten Wörter, z. B.: die Reederei

Achtung, es gibt keine Doppelumlaute: das Paar → das P**ä**rchen

lernserver • www.lernserver.de • info@lernserver.de • ☎ (0251) 83-28409

© Uni Münster • Prof. Dr. F. Schönweiss & Team
Auer Verlag GmbH, Donauwörth

4. Der lange i-Laut:
Der lange i-Laut kann sowohl „ie“ als auch „i“ geschrieben werden.

„ie“:

- In den meisten **deutschen** Wörtern wird der **lange** betonte i-Laut „ie“ geschrieben. Danach folgt in aller Regel nur ein Konsonant. Deutsche Wörter erkennt man daran, dass der betonte Vokal in der ersten Silbe liegt:

Fieber, Wiese, Giebel, Riese, sieben

Ausnahmen mit mehreren Konsonanten nach dem „ie“: Biest, Priester, riechen

- „ie“ schreibt man weiterhin auch in **Fremdwörtern** mit den **betonten** Endungen „ie“, „-ier“ und „-ieren“:

-ie:	Batterie, Industrie, Fotografie, Philosophie (aber: Bikîni)
-ier:	Klavier, Scharnier, Manier
-ieren:	telefonieren, marschieren, probieren

Ausnahmen: Fakir, Geysir, Saphir, Souvenir, Vampir, Wesir
Merke: Paradies

„i“:

- In **deutschen** Wörtern wird „i” geschrieben, wenn der betonte i-Laut kurz ist:

das Zîmmer, das Sîlber

- In **Fremdwörtern** wird „i“ auch dann geschrieben, wenn der i-Laut lang gesprochen wird:

Bik**i**ni, Fam**i**lie, Peters**i**lie

lernserver • www.lernserver.de • info@lernserver.de • ☎ (0251) 83-284 09

© Uni Münster • Prof. Dr. F. Schönweiss & Team
Auer Verlag GmbH, Donauwörth

- In **Fremdwörtern** wird „i“ in Endungen geschrieben, wenn kein „r“ folgt:

-il:	fragil, zivil, Ventil
-in:	Benzin, Delfin, Medizin
-ine:	Apfelsine, Mandarine, Praline
-iv:	Detektiv, fiktiv, konstruktiv
-ive:	Lokomotive, Perspektive
-iz:	Hospiz, Miliz

- In wenigen **deutschen** Wörtern und einigen eingebürgerten Lehnwörtern steht „i“, obwohl der betonte i-Laut in der ersten Silbe steht und lang gesprochen wird. Diese Wörter muss man auswendig lernen (für die unteren Klassen sind nur etwa zwölf davon relevant):

Bibel, Biber, Bisamratte, Bison, Brise
dir, mir, wir
Fibel, Fiber
er gibt
Igel
Kilo, Kino, Klima, Klinik, Krise
Lid (Auge), Liga, lila, Lilie, Linie, Liter
Mime, Mimik, Mine (schreiben), mir
Nil, Nische
piksen, Pinie, prima, Primel, Prise
Risiko, Rizinus
Ski, Silo, Sinus, Sirup, Stil (Kunst)
Tiger, Titel
Virus, Visum, Vizekanzler
wider, wir, Wisent

„ih“:

„ih“ kommt nur in Personalpronomen und ihren Ableitungen vor, die mit /i/ beginnen:

ihm, ihn, ihr, ihnen, ihren, ihresgleichen, ihretwegen

(Ein einziges Nomen gibt es mit „ih“: der Ihle (ein Hering, der abgelaicht hat)

lernserver • www.lernserver.de • info@lernserver.de • ☎ (0251) 83-28409

„ieh“:
„ieh“ gibt es nur in einem einzigen Nomen und seinen Ableitungen:
das Vieh

Ansonsten kommt „ieh“ nur in gebeugten Verbformen vor und zwar dann, wenn in der Grundform ein Dehnungs-h oder ein silbentrennendes h steht und der betonte Laut im gebeugten Verb lang bleibt:

befehlen:	er befiehlt
empfehlen:	er empfiehlt
sehen:	er sieht
fliehen:	er flieht

Merke:
Wird in einem gebeugten Verb der i-Laut lang gesprochen und kommt in der Grundform weder ein Dehnungs-h noch ein silbentrennendes h vor, so schreibt man „ie“, z. B.:

rufen:	er rief
blasen:	er blies

Merke: sie ging, er fing, sie gibt, gib!

lernserver • www.lernserver.de • info@lernserver.de • ☎ (0251) 83-284 09

© Uni Münster • Prof. Dr. F. Schönweiss & Team
Auer Verlag GmbH, Donauwörth

Die Voraussetzungen:

Vokale, Konsonanten, Umlaute und Diphtonge müssen bekannt sein und unterschieden werden können.
Des Weiteren muss sichergestellt sein, dass die Kinder dazu imstande sind, den betonten Vokal eines Wortes herauszufinden und auch zu hören, ob er lang oder kurz gesprochen wird (siehe Fördermappe 3 „Betonung").

Hinweise zur Methodik:

Obwohl die „Dehnung" ein sehr komplexes Thema darstellt, spricht nichts dagegen, Kinder gegen Ende der zweiten Klasse mit den Grundregeln des Dehnungs-h vertraut zu machen (l, m, n, r- Regel inkl. „qu-a-t-sch"-Ausnahme). Alle weiteren Besonderheiten sollten der dritten Klasse vorbehalten bleiben.

Wie eingangs schon erwähnt, dürfen die einzelnen Abschnitte der Dehnung auf keinen Fall zu schnell abgehandelt werden: Die Verwirrung wäre in diesem Fall komplett. Außerdem ist es eine Überlegung wert, ob zwischen der Bearbeitung der verschiedenen Dehnungszeichen nicht Pausen eingelegt und andere Themen durchgenommen werden sollten.

Die Entscheidung, ob zuerst das Phänomen „Dehnungs-h" oder „Doppelvokale" besprochen wird, liegt bei der Lehrkraft.
Für das Dehnungs-h als Einführung spricht die Tatsache, dass es relativ häufig vorkommt und mit dem Wissen um seine Grundregeln – auch ohne die Ausnahmen! – eine Menge deutscher Wörter richtig geschrieben werden kann.
Für die Doppelvokale als Einstieg hingegen spricht ihre geringe Anzahl und ihr Dasein ohne Ausnahmen: Man muss sich die paar Wörtchen einfach merken. Andererseits wird mit ihnen – eben aufgrund ihrer wenigen Beispiele – keine große Bandbreite des Dehnungsbereichs abgedeckt.

Das Silben-h ist eigentlich nicht dem Bereich Dehnung zuzuordnen. Es wird deshalb an dieser Stelle mit aufgeführt, weil es erstens leicht mit dem Dehnungs-h verwechselt werden kann und zweitens, weil es in gebeugten Formen nicht hörbar ist (es zieht – ziehen).

Der i-Laut ist in seiner Gesamtheit noch einmal ein etwas härterer Brocken. Für die zweite und dritte Klasse fallen jedoch bis auf einige Ausnahmen zumindest die Fremdwörter als Lerngegenstand weg, und die wenigen Merkwörter, die trotz langem betontem i-Laut in der ersten Silbe ohne das Dehnungszeichen „ie" geschrieben werden, sind leicht zu lernen (Igel, Tiger usw.). So bleibt als Quintessenz übrig: „Bei langem betonten i-Laut schreibe ich ‚ie', bei kurzem ‚i'." Die Personalpromomen ihr, ihm usw. sind wieder ein separates Kapitel.

lernserver • www.lernserver.de • info@lernserver.de • ☎ (0251) 83-28409

© Uni Münster • Prof. Dr. F. Schönweiss & Team
Auer Verlag GmbH, Donauwörth

Zur Fehlerbesprechung:
Die Fehler sollten eingehend besprochen werden. Es reicht nicht, nur „falsch" anzustreichen und das richtige Wort einfach noch einmal schreiben zu lassen. Sinnvoller ist es zu ergründen, wieso es zu dem Fehler kam: Betonung nicht gefunden? Lang oder kurz falsch gehört? l, m, n, r- Regel vergessen? Ausnahme nicht erkannt?
Falls die Unsicherheit bereits darin besteht, den betonten Vokal und seine Länge bzw. Kürze herauszufinden, müssen hier unbedingt dementsprechende Übungen wiederholt werden (siehe Fördermappe 3 „Betonung").

Ein bewährtes Schema, das sowohl beim Schreiben als auch beim Fehlerverbessern angewendet werden sollte, ist:

- Welcher ist der betonte Selbstlaut?
- Ist er lang oder kurz?
- Wenn er lang ist: Steht ein l, m, n oder r danach?
- Wenn nein, muss man kein Dehnungs-h schreiben (z. B. Tafel).
- Wenn ja, kann ein Dehnungs-h stehen, wenn das Wort nicht zu den Ausnahmen gehört.

Gebeugte Verben müssen ausführlich behandelt werden. Hier machen die Kinder erfahrungsgemäß viele Fehler, vor allem dann, wenn sie, besonders bei starken Verben, nicht erkennen können, welcher Infinitiv zugrunde liegt.

An dieser Stelle soll auch noch darauf hingewiesen werden, dass das „Silbenklatschen" im Zusammenhang mit Betonung, Dopplung und Dehnung kontraproduktiv wirkt, weil alle Silben beim Silbenklatschen gleich betont werden (Robotersprache). Die Wortmelodie (der betonte Laut) kann auf diese Weise nicht herausgefunden werden.

Allgemeine Hinweise:
Die Arbeitsblätter können sein:
- „Lehrerblätter" mit mündlichen Übungen oder Spielanregungen
- Schriftliche Übungen für die Schüler
- Spiele zum Selbstbasteln (Memory, Domino etc.)

Zu jedem Blatt, das das Kind schriftlich bearbeiten soll, finden Sie im hinteren Teil dieses Bandes die Lösung. Sie kann (muss aber nicht!) der Selbst- oder Partnerkontrolle dienen, enthält aber zum Teil auch methodische Hinweise für Sie.

lernserver • www.lernserver.de • info@lernserver.de • ☎ (0251) 83-28409

© Uni Münster • Prof. Dr. F. Schönweiss & Team
Auer Verlag GmbH, Donauwörth

Bevor mit den Arbeitsblättern begonnen wird, muss den Kindern deren inhaltliche Thematik nahe gebracht werden. Hier können Sie frei entscheiden, auf welche Weise dies geschehen soll, da hierbei sehr unterschiedliche Auffassungen und Methoden vorherrschen.

Die Arbeitsblätter selbst dienen dem Üben und Vertiefen der kleinen Regel-Lernschritte. Sie stellen ein Grundgerüst dar, das von Ihnen beliebig erweitert oder auch verkürzt werden kann, je nachdem, wie schnell eine Klasse oder Fördergruppe die einzelnen Bereiche beherrscht.

Sind die Prinzipien einer Rechtschreibregel erst einmal gespeichert, steht es in Ihrem Ermessen, mit welchen Spielen oder Übungsmethoden die weitere Anwendung gesichert und verfeinert wird, z. B. kann aus fächerübergreifenden Texten, Lieblingsmärchen oder selbst verfassten Geschichten geeignetes Wortmaterial zum Üben verwendet werden (Vorschläge der Kinder aufnehmen!).

Abschließend noch ein kleiner Tipp: Händigen Sie den Kindern erst nach und nach die Arbeitsblätter, Lösungen und die jeweiligen Regeln aus. Auf diese Weise müssen sich die Kinder von der Fülle des Materials nicht erschlagen fühlen, sondern können sich Schritt für Schritt ihr eigenes Übungs- und Nachschlagewerk erarbeiten. Sie können von Fall zu Fall entscheiden, ob die Kinder z. B. schon so weit sind, dass sie die jeweiligen Lösungsblätter zur eigenständigen Selbstkontrolle nutzen können oder ob ein intensiveres Besprechen von Regeln, Aufgabenstellung oder Fehlern angebracht wäre.

Regelkunde für Kinder

Die „Regelkunde für Kinder", in der die wichtigsten Punkte der Dehnung in einfachen Worten zusammengefasst sind, soll den Kindern als Merkhilfe und kleines Nachschlagewerk dienen. Hier finden sie in komprimierter Form alles, was sie für die Bearbeitung der Arbeitsblätter brauchen und eventuell wieder vergessen haben.

lernserver • www.lernserver.de • info@lernserver.de • (0251) 83-28409

© Uni Münster • Prof. Dr. F. Schönweiss & Team
Auer Verlag GmbH, Donauwörth
lernserver Interaktive Förderdiagnostik

Vorübung, Reime finden

Name: ....

Datum: ....

<u>Hinweis:</u>
Ziel dieser Vorübung ist, dass das Kind das Dehnungs-h als Gemeinsamkeit aller Wörter im Kästchen erkennt. Des Weiteren sollen die Stellung des „h" und seine Nachfolgebuchstaben (l, m, n, r) benannt werden.

Immer zwei Wörter reimen sich. Findest du sie? Ordne sie in die richtigen Zeilen. Fällt dir etwas auf?

Fohlen kühl lahm
Sohn dehnen Mohn Ohr
fühlen johlen nachahmen zahm
Möhre Röhre Rahmen sehnen Rohr

hm:
lahm Rahmen
zahm nachahmen

hl:
Fohlen kühl
johlen fühlen

hn:
Sohn dehnen
Mohn sehnen

hr:
Ohr Möhre
Rohr Röhre

lernserver • www.lernserver.de • info@lernserver.de • (0251) 83-28409

Wörter mit Dehnungs-h schreiben

Name: ....

Datum: ....

<u>Hinweis:</u>
Es geht um die Festigung der Einsicht, dass das Dehnungs-h nur dann stehen kann, wenn man nach dem langen betonten Selbstlaut ein l, m, n oder r hört.

Der kleine Schlingel Abermakaber hat die Namenwörter mit <u>h</u> in den Sätzen vertauscht. Lies leise:

1. Der <u>Zahn</u> steht an der Tafel.
2. Der <u>Lehrer</u> ist umgefallen.
3. Das <u>Huhn</u> geht falsch.
4. Die <u>Uhr</u> tut weh.
5. Die <u>Sahne</u> hat Verspätung.
6. Die <u>Eisenbahn</u> scharrt in der Erde nach Würmern.
7. Der <u>Lehm</u> schmeckt zum Kuchen wunderbar.
8. Der <u>Stuhl</u> klebt an meinen Stiefeln.

Wie muss es richtig heißen? Schreibe die Sätze auf und male das Dehnungs-h und den folgenden Mitlaut bunt an:

1. Der **<u>Lehrer</u>** steht an der Tafel.
2. Der **<u>Stuhl</u>** ist umgefallen.
3. Die **<u>Uhr</u>** geht falsch.
4. Der **<u>Zahn</u>** tut weh.
5. Die **<u>Eisenbahn</u>** hat Verspätung.
6. Das **<u>Huhn</u>** scharrt in der Erde nach Würmern.
7. Die **<u>Sahne</u>** schmeckt zum Kuchen wunderbar.
8. Der **<u>Lehm</u>** klebt an meinen Stiefeln.

lernserver • www.lernserver.de • info@lernserver.de • (0251) 83-28409

l, m, n, r-Regel und Lückenwörter

Name: ....

Datum: ....

Hinweis:
Folgende Regeln für das Dehnungs-h müssen stets wiederholt und besprochen werden:

- Das Dehnungs-h kann nur in deutschen Wörtern nach einem langen betonten Selbstlaut vorkommen. Deutsche Wörter haben ihren Betonungsgipfel meistens in der ersten Silbe. (Banane z. B. als ein - in der zweiten Silbe - betontes Fremdwort wird also nicht mit „h" geschrieben).
- Das Dehnungs-h steht nur dann, wenn nach dem langen Selbstlaut ein l, m, n oder r zu hören ist.
- Das ist eine Kann-Regel, d. h. es gibt auch Wörter, in denen das „h" trotz l, m, n oder r nicht steht, z. B.: holen.
- Nach Zwielauten (au, äu, eu, ei, ai) wird NIE gedehnt.
- In Vor- und Nachsilben wird NIE gedehnt.

Weitere Erläuterungen sind bei den
Hinweisen für Lehrer und Eltern zu finden.

Merke dir zum stummen Dehnungs-h:

Es steht nur,

wenn du nach einem langen betonten Selbstlaut ein

l, m, n oder r hörst.

Achte auf l, m, n oder r nach dem langen Selbstlaut: Nur dann musst du das Dehnungs-h einsetzen.

der Za**h**n
das Ja**h**r
der Kater (Dehnung nur durch **einen** ML nach langem SL gekennzeichnet)
der Fe**h**ler
der Nagel (Dehnung nur durch **einen** ML nach langem SL gekennzeichnet)
der Le**h**rer
die Ba**h**n
der Rasen (Dehnung nur durch **einen** ML nach langem SL gekennzeichnet)
fa**h**ren
das O**h**r
die U**h**r

lernserver • www.lernserver.de • info@lernserver.de • (0251) 83-28409

lernserver Interaktive Förderdiagnostik
© Uni Münster • Prof. Dr. F. Schönweiss & Team
Auer Verlag GmbH, Donauwörth

l, m, n, r-Regel und Wortdiktat

Name: ....

Datum: ....

Hinweis:
Die folgende Liste stellt eine Wortauswahl ohne Ausnahmen dar, die die Lehrkraft je nach Bedarf (auch zur Wiederholung) einsetzen kann. Die Fehlerbesprechung sollte stets unter den Gesichtspunkten „langer betonter Selbstlaut" und „l, m, n, r-Regel" erfolgen.

Wortdiktat:

Denke an l, m, n, r! Nur wenn du einen von diesen Buchstaben nach dem langen betonten Selbstlaut hören kannst, musst du ein Dehnungs-h schreiben.

die Bahn	die Sahne	fühlen
das Lager	der Rahm	ehrlich
die Feder	der Hahn	kühl
das Huhn	der Laden	bohren
der Rabe	der Hut	wahr
die Kohle	mahnen	nehmen
das Mehl	der Pirat (Betonung!)	
das Kabel	der Krater	
die Blase	der Sohn	
führen	wohnen	
kühl	die Wut	
das Ohr	der Rasen	
die Uhr	die Ader	
das Rohr	der Fehler	
die Sage	zählen	
das Jahr	fehlen	
der Kahn	die Nase	
der Nabel	der Magen	
zehn	der Pate	
zahm	der Stuhl (eigentlich Ausnahmewort, siehe Regeln)	
lahm	stehlen (eigentlich Ausnahmewort, siehe Regeln)	

lernserver • www.lernserver.de • info@lernserver.de • (0251) 83-28409

© Uni Münster • Prof. Dr. F. Schönweiss & Team
Auer Verlag GmbH, Donauwörth
lernserver Interaktive Förderdiagnostik

l, m, n, r-Regel und Zeitwörter

Name: ....

Datum: ....

<u>Hinweis:</u>
In dieser Übung werden stark gebeugte Zeitwörter ausgespart, deren betonter Selbstlaut sich in anderen Formen ändern kann, zum Beispiel:

nehmen: er nimmt (i = kurz), er nahm (a = lang), er hat genommen (o = kurz)

Die Lehrkraft sollte aber bei passender Gelegenheit auf dieses Phänomen aufmerksam machen.

Das Dehnungs-h bleibt auch in veränderten Formen erhalten.

Bilde mit den Zeitwörtern die Gegenwart:

fahren:	Ich **<u>fahre</u>** mit dem Zug.
wohnen:	Du **<u>wohnst</u>** noch nicht lange hier.
gähnen:	Er **<u>gähnt,</u>** weil er müde ist.
fehlen:	Sie **<u>fehlt</u>** schon seit einer Woche.
rühren:	Du **<u>rührst</u>** den Teig für einen Kuchen.
kehren:	Sie **<u>kehrt</u>** die Küche aus.
versöhnen:	Er **<u>versöhnt</u>** sich mit seinem Bruder.
führen:	Ich **<u>führe</u>** meine Hund aus.

lernserver Interaktive Förderdiagnostik
© Uni Münster • Prof. Dr. F. Schönweiss & Team
Auer Verlag GmbH, Donauwörth

l, m, n, r-Regel und Wortverwandte

Name: ....

Datum: ....

<u>Hinweis:</u>
Die Wörterbucharbeit ist nicht nur erlaubt, sondern sogar erwünscht. Jedes Kind sollte ein Grundschulwörterbuch besitzen und griffbereit haben. Voraussetzungen: Das ABC wird beherrscht und die Lehrkraft erklärt genau, wie man möglichst schnell und sinnvoll Wörter nachschlagen kann.

Das Dehnungs-h findest du auch bei Wortverwandten wieder, zum Beispiel

Sahne → sahnig, absahnen, Schlagsahne

Achte aber bei Zeitwörtern darauf, ob der betonte Selbstlaut in anderen Formen wirklich <u>lang</u> ist, denn nur dann bleibt das Dehnungs-h erhalten.

Finde Wortverwandte zu folgenden Wörtern (du kannst gerne ein Wörterbuch benutzen):

Mögliche Lösungen:

das Jahr:	die Jahre, die Jahre, jährlich, das Schuljahr
die Zahl:	die Zahlen, zählen, bezahlen, du bezahlst
wohnen:	er wohnt, sie wohnte, die Wohnung, wohnlich
fühlen:	du fühlst, er fühlte, sie hat gefühlt, das Gefühl
das Huhn:	die Hühner, das Hühnchen, der Hühnerstall, das Hühnerei
rühren:	er rührt, du rührst, wir rührten, ihr habt gerührt, die Rührung
nehmen:	ich nehme, ihr nehmt, teilnehmen, mitnehmen, herausnehmen, die Ausnahme, er nimmt (!), er nahm, er hat genommen (!)

Vorsicht: Bei „nehmen" musst du gut aufpassen, ob der betonte Selbstlaut bei deinen Wortverwandten wirklich lang bleibt! Sonst musst du sogar doppeln!

© Uni Münster • Prof. Dr. F. Schönweiss & Team
Auer Verlag GmbH, Donauwörth
lernserver Interaktive Förderdiagnostik

l, m, n, r-Regel und Vorsilben

Name: ....

Datum: ....

Hinweis:
Da auch Vor- und Nachsilben betont sein können, müssen sie vom übrigen Wort abgetrennt werden. Nur so kann die für die Rechtschreibung relevante Betonung des Stammwortes herausgefunden werden.

Bei dieser Übung sollen die Kinder Vorsilben kennen lernen und bewusst mit ihnen arbeiten (wichtig auch für später, um ein Wort zergliedern zu können, damit es in seinem Aufbau durchschaubarer wird, z.B. un-miss-ver-ständ-lich).

Du siehst hier Vorsilben und Zeitwörter.
Bilde mit ihnen und den Zeitwörtern sinnvolle Wörter.

	ab-	**mit-**	**durch-**	**über-**	
auf-	**an-**	**aus-**	**fort-**	**ein-**	**be-**

-nehmen:

abnehmen, mitnehmen, durchnehmen, übernehmen, aufnehmen, annehmen, ausnehmen, fortnehmen, einnehmen, benehmen

-fühlen:

mitfühlen, anfühlen, einfühlen, befühlen

-rühren:

durchrühren, aufrühren, anrühren, einrühren, berühren

-fahren:

abfahren, mitfahren, durchfahren, überfahren, auffahren, anfahren, ausfahren, fortfahren, (die Straße ist...) befahren

lernserver Interaktive Förderdiagnostik
© Uni Münster • Prof. Dr. F. Schönweiss & Team
Auer Verlag GmbH, Donauwörth

lernserver • www.lernserver.de • info@lernserver.de • (0251) 83-28409

l, m, n, r-Regel und Vorsilben

Name: ....

Datum: ....

Trenne die Vorsilbe ab und bilde mit dem Restwort einen Satz.
Unterstreiche den betonten Selbstlaut und male das Dehnungs-h und den folgenden Mitlaut bunt nach.

Ein Beispiel:

abfahren → ab - f**a**hren:

Wir **fahren** in die Stadt.

durchführen → durch - führen

Ich **führe** die alte Dame über die Straße.

abkühlen → ab - kühlen

Der Kühlschrank **kühlt** die Lebensmittel.

anfühlen → an - fühlen

Er **fühlt** sich heute nicht gut.

vorlehnen → lehnen

Sie **lehnt** sich aus dem Fenster.

aufstöhnen → stöhnen

Warum **stöhnst** du denn so?

lernserver • www.lernserver.de • info@lernserver.de • (0251) 83-28409

© Uni Münster • Prof. Dr. F. Schönweiss & Team
Auer Verlag GmbH, Donauwörth
lernserver Interaktive Förderdiagnostik

l, m, n, r-Regel, Lückendiktat

Name: ....

Datum: ....

Hinweis:
In diesem Lückendiktat geht es nicht um Schnelligkeit, sondern darum, durch Überlegen die Schreibung herauszufinden.
Die Kinder sollten nach einem bestimmten Schema vorgehen:
- Wo ist der betonte Selbstlaut?
- Ist er lang oder kurz?
- Wenn er lang ist: Steht danach ein l, m, n oder r? Denn nur dann muss ich „h" schreiben.
- Wenn er kurz ist, kann kein Dehnungs-h stehen.

Die Fehler der Kinder müssen genau besprochen werden, siehe unten!

Diktat

Heute fehlen viele Kinder in der Schule. Mindestens zehn von fünfundzwanzig Stühlen sind leer. Auch Abermakaber fühlt sich nicht ganz wohl. Er ist morgens schon mit dem Bus gefahren und nicht mit dem Rad, weil er Halsschmerzen hatte. Er guckt auf die Uhr. Erst elf. Die Zeit will heute gar nicht vergehen. Abermakaber beißt die Zähne zusammen. Mit halbem Ohr hört er der Lehrerin zu, wie sie etwas über Malaufgaben erzählt. Ohne etwas zu begreifen, kritzelt der kleine Zauberer irgendwelche Zahlen in sein Heft. Er mag nicht mehr. Er will nur noch in sein Bett. Endlich klingelt es zum Ende der Stunde. Abermakaber packt seine Sachen zusammen und eilt nach Hause. Die Mutter macht ihm gleich einen heißen Tee und liest ihm eine Geschichte vor. Abermakaber kuschelt sich zufrieden in die Kissen. Jetzt geht es ihm gut.

fehlen:	e = lang, danach „l" → Dehnungs-h
zehn:	e = lang, danach „n" → Dehnungs-h
Stühlen:	ü = lang, danach „l" → Dehnungs-h! (Eigentlich Ausnahmewort, wird aber später durchgenommen)
fühlt:	ü= lang, danach „l" → Dehnungs-h
wohl:	o = lang, danach „l" → Dehnungs-h
gefahren:	Vorsilbe abtrennen, a = lang, danach „r" → Dehnungs-h

lernserver Interaktive Förderdiagnostik
© Uni Münster • Prof. Dr. F. Schönweiss & Team
Auer Verlag GmbH, Donauwörth

l, m, n, r-Regel, Lückendiktat

Name: ....

Datum: ....

Rad:	a = lang, danach „d" → KEIN Dehnungs-h
Uhr:	u = lang, danach „r" → Dehnungs-h
Zeit:	nach Zwielauten kein Dehnungs-h
Zähne:	ä = lang, danach „n" → Dehnungs-h
Ohr:	O = lang, danach „r" → Dehnungs-h
Lehrerin:	e = lang, danach „r" → Dehnungs-h
erzählt:	Vorsilbe abtrennen, ä = lang, danach „l" → Dehnungs-h
ohne:	o = lang, danach „n" → Dehnungs-h
Zahlen:	a = lang, danach „l" → Dehnungs-h
Heft:	e = kurz, KEIN Dehnungs-h
mag:	a = lang, danach „g" → KEIN Dehnungs-h
mehr:	e = lang, danach „r" → Dehnungs-h!
Ende:	e = kurz, KEIN Dehnungs-h
eilt:	nach Zwielauten kein Dehnungs-h
kuschelt:	u = kurz, KEIN Dehnungs-h
gut:	u = lang, danach „t" → KEIN Dehnungs-h

© Uni Münster • Prof. Dr. F. Schönweiss & Team
Auer Verlag GmbH, Donauwörth
lernserver Interaktive Förderdiagnostik

Ausnahmen der l, m, n, r-Regel: qu, t, sch

Name: ....

Datum: ....

Hinweis:
Leider sind die Ausnahmen der Dehnungs-h-Regel sehr komplex. Es liegt in der Einschätzung der Lehrkraft, ob die Kinder sowohl von ihrer Motivation und Lernbereitschaft als auch von ihren kognitiven Fähigkeiten her schon in der Lage sind, sich die Ausnahmeregeln einzuprägen und sinnvoll anzuwenden. Ansonsten reicht es bei Kindern der unteren Klassen, die l, m, n, r-Regel als Hilfestellung zu geben, allerdings nicht ohne dem Kind zu erklären, dass damit nicht alle Wörter abgedeckt sind.
Falls die Ausnahmen in das Übungsprogramm mit aufgenommen werden sollen, ist eine häufige Wiederholung (in Abständen) unerlässlich. Bei kleinschrittigem Vorgehen und ausreichendem Automatisieren der Regeln und der häufig vorkommenden Wörter wird eine stetig steigende Sicherheit in diesem Bereich bestimmt nicht ausbleiben.

Leider haben manche Wörter KEIN Dehnungs-h, obwohl ein l, m, n oder r nach dem langen Selbstlaut steht.
Das sind Wörter, die mit einem „qu", „t" oder „sch" anfangen.

Merke dir diese drei Buchstaben gut. Wenn du dir in der Mitte ein „a" dazudenkst, entsteht das Wort:

Qu a **t** **sch**

Suche diejenigen Wörter heraus, die einen dieser drei Buchstaben am Anfang haben. Unterstreiche sie und schreibe sie in die Spalten.

die Sohle	die Mühle	die Bohne	die Schale
das Tal	die Qual	die Möhre	die Tür
der Schwan	das Mehl	quälen	die Schnur
die Kohle	die Träne	schwer	quer
der Bohrer	tun	schön	die Schere

Wörter mit qu/Qu:	Wörter mit t/T:	Wörter mit sch/Sch
die Qual	das Tal	die Schale
quälen	die Tür	der Schwan
quer	die Träne	die Schnur
	tun	schwer
		schön
		die Schere

lernserver • www.lernserver.de • info@lernserver.de • (0251) 83-28409

lernserver Interaktive Förderdiagnostik
© Uni Münster • Prof. Dr. F. Schönweiss & Team
Auer Verlag GmbH, Donauwörth

Ausnahmen der l, m, n, r-Regel: qu, t, sch

Name: ....

Datum: ....

Weißt du noch? Das Dehnungs-h steht nicht, wenn Wörter im Anlaut folgende Buchstaben haben:

qu, t, sch

Versuche die Rätsel zu lösen:

Kälteschutz für den Hals:	S	C	H	A	L	
Ein anderes Wort für Boot:	K	A	H	N		
Ein junges Pferd:	F	O	H	L	E	N
Öffnung zum Durchgehen:	T	Ü	R			
Jemandem ganz arg weh tun:	Q	U	Ä	L	E	N
Ein anderes Wort für Karotte:	M	Ö	H	R	E	
Das Gegenteil von „leicht":	S	C	H	W	E	R
Sie entsteht beim Weinen:	T	R	Ä	N	E	
Dort lernen die Kinder:	S	C	H	U	L	E

lernserver • www.lernserver.de • info@lernserver.de • (0251) 83-28409

© Uni Münster • Prof. Dr. F. Schönweiss & Team
Auer Verlag GmbH, Donauwörth
lernserver Interaktive Förderdiagnostik

Ausnahmen der l, m, n, r-Regel: qu, t, sch

Name: ....

Datum: ....

Hinweis:
Wenn die ausgewählten Wörter dem Partner diktiert werden, sollte dessen Wörter-Kästchen abgedeckt sein.

Du weißt sicher noch, welche drei Buchstaben am Anfang eines Wortes ein Hinweis darauf sind, dass kein Dehnungs-h kommt?

qu, t, sch

Wähle aus dem Kästchen unten sechs Wörter aus (drei davon mit t, qu und sch), schreibe sie auf die Zeilen und diktiere sie anschließend deinem Partner. Besprecht die Schreibung und verbessert, falls nötig. Danach tauscht ihr die Rollen.

kahl, fehlen, quälen, Schere, johlen, quer, Stuhl, Schnur, wühlen, bequem, Huhn, Tal, Tor, Bohrer, Uhr, Bühne, Tür, Sohne, Lehm, Ton, Träne, nehmen, Jahr, Schal, Ohr, schmal, Lehrer, Schwan, schon, Bahn, schön, Schule schwer

Deine Wörter:	**Die Wörter deines Partners:**
Zum Beispiel:	
kahl	Lehrer
fehlen	Träne
Tür	Uhr
Schal	Schule
bequem	wühlen
Ohr	quer

lernserver • www.lernserver.de • info@lernserver.de • (0251) 83-28409

lernserver Interaktive Förderdiagnostik
© Uni Münster • Prof. Dr. F. Schönweiss & Team
Auer Verlag GmbH, Donauwörth

Ausnahmen der l, m, n, r-Regel: Mitlauthäufung

Name: ....

Datum: ....

Hinweis:
Diese Ausnahmeregel gilt leider nicht für alle Wörter: Stuhl, stehlen, stöhnen, Strahl usw. werden dennoch mit „h“ geschrieben. Die Erwähnung dieser Ausnahmen von der Ausnahme sollte allerdings erst erfolgen, wenn die erste Regel gefestigt ist. Für das Finden von Wortverwandten darf ein Wörterbuch zu Rate gezogen werden.

Das Dehnungs-h steht auch oft dann NICHT, wenn ein Wort mit

mehreren Mitlauten beginnt.

Bilde mit folgenden Wörtern ohne „h“ einen Satz:

Blume:	Wir haben Oma zum Geburtstag **Blumen** geschenkt.
grün:	Karlas Lieblingsfarbe ist **grün**.
klar:	Es ist **klar**, dass er seinen Freund nicht im Stich lässt.
spülen:	Nach dem Essen **spülen** wir abwechselnd ab.
Strom:	Nach dem schweren Gewitter war der **Strom** weg.
Kran:	Auf der Baustelle steht ein riesiger **Kran**.

Finde für jedes Wort mindestens einen Wortverwandten:

Blume:	die Blumenwiese, blumig, das Blümchen
grün:	grünlich, blaugrün, grünen, der Grünkern
klar:	die Klarheit, erklären, die Klarsicht, klarer, am klarsten, die Erklärung
spülen:	die Spüle, abspülen, das Spültuch, die Spülmaschine
Strom:	der Stromkreis, strömen, die Strömung
Kran:	die Kräne, der Kranführer

lernserver • www.lernserver.de • info@lernserver.de • (0251) 83-28409

© Uni Münster • Prof. Dr. F. Schönweiss & Team
Auer Verlag GmbH, Donauwörth
lernserver Interaktive Förderdiagnostik

Übungen zum Dehnungs-h
Übung 14 – LÖSUNG

Ausnahmen der l, m, n, r-Regel: Mitlauthäufung

Name: ....

Datum: ....

Suche aus den Schlangenwörtern die Ausnahmewörter mit Mitlauthäufung heraus, unterstreiche sie und schreibe sie auf.

superklarsichtfolienbeschichtet	**klar**
Baukranführerhaussitz	der **Kran**
Großküchengeschirrspülmaschine	**spül-**
Balkonblumenkastenerde	die **Blumen**
apfelgiftgrünlich	**grün**
Magnetstromkabelanschluss	der **Strom**

lernserver • www.lernserver.de • info@lernserver.de • (0251) 83-28409

lernserver Interaktive Förderdiagnostik
© Uni Münster • Prof. Dr. F. Schönweiss & Team
Auer Verlag GmbH, Donauwörth

Übungen zum Dehnungs-h
Übung 15 – LÖSUNG

Ausnahmen der l, m, n, r-Regel: Mitlauthäufung

Name: ....

Datum: ....

Welches der Wörter ohne „h" passt wo in die Geschichte hinein?

grünen	Kran	strömten	Blumen	
klar	spülte	Kran	Spül-	klaren

An einem sonnigen, **klaren** Sommertag stand ich in der Küche und **spülte** ab. Dabei sah ich aus dem Fenster und staunte nicht schlecht: Mitten auf der **grünen** Wiese vor unserem Haus fuhr ein riesengroßer **Kran** im Kreis herum. Er wirkte etwas verloren inmitten der bunten **Blumen** und Sträucher. Natürlich war mir **klar,** dass das eine Riesensensation für die Dorfkinder sein musste, denn das hohe Ding war ja weithin sichtbar. Und da **strömten** sie auch schon herbei: Fritzchen und Karli, Heidi und Matz, Luzy und Hannes. Ich trocknete mir schnell meine **Spül**hände ab und rannte auch nach draußen. Aber gerade in diesem Augenblick drehte der **Kran** ab und verschwand hinter dem Wald. Schade, er hatte sich wohl nur verfahren!

lernserver • www.lernserver.de • info@lernserver.de • (0251) 83-28409

© Uni Münster • Prof. Dr. F. Schönweiss & Team
Auer Verlag GmbH, Donauwörth
lernserver Interaktive Förderdiagnostik

Ausnahmen der l, m, n, r-Regel,
Spiel mit allen Regeln

Name: ....

Datum: ....

Antworten zu Frage-Kärtchen:

- Bedingung für das Dehnungs-h: Es steht nur nach einem **langen**, betonten Selbstlaut und nur dann, wenn ein **l, m, n** oder **r** folgt.
- Schule, schön, Schere, Schal, Träne, Qual, Tal, Schemel, quer, Schwan, Tor gehören zur Ausnahmeregel **„qu – a – t – sch“.**
- Kran, Blume, grün, Träne gehören zur Ausnahmeregel „Mitlauthäufung am Wortanfang“.
- stehlen, stöhnen, Stuhl, strahlen gehören zu „Ausnahme von der Ausnahme“: Dehnungs-h trotz Mitlauthäufung am Wortanfang.
- 12 Merkwörter ohne „h“:
  Ameise, Bär, Dame, holen, hören, Honig,
  komisch, König, malen, Monat, Name, wenig
- Tafel, mager, Schaf: ohne „h“, weil **kein** l, m, n, r danach kommt.
- Limonade: „a“ ist betont und lang, danach aber **kein** l, m, n, r.
- Heft und Roller: **kurzer** betonter Selbstlaut, deshalb keine Dehnung.
- Alle Ausnahmeregeln des Dehnungs-h:
  q – a – **t** – **sch** – Regel,
  Mitlauthäufung am Wortanfang (Ausnahmen: Stuhl, strahlen, stöhnen, stehlen), **12 Merkwörter** (Ameise, Bär, Dame, holen, hören, Honig, komisch, König, malen, Monat, Name, wenig)

lernserver • www.lernserver.de • info@lernserver.de • ☎ (0251) 83-28409

lernserver Interaktive Förderdiagnostik
© Uni Münster • Prof. Dr. F. Schönweiss & Team
Auer Verlag GmbH, Donauwörth

Dehnung oder Dopplung, Lückendiktat

Name: ....

Datum: ....

Lückendiktat

Hinweis:
Bitte wieder Zeit zum Überlegen lassen. Die Kinder müssen an eine Menge Regeln denken (falls sie die Wörter nicht auswendig wissen)!
Die Fehlerbesprechung sollte ausführlich erfolgen, zum Beispiel:
Warum muss man bei „Mehl“ dehnen? Weil der betonte Selbstlaut lang ist und danach ein l (l, m, n, r) folgt.
Warum muss man bei „Rüssel“ doppeln? Weil der betonte Selbstlaut kurz ist und man danach nur einen Mitlaut (das „s“) hört.
Warum muss man bei „schwere“ kein „h“ schreiben? Weil es ein Ausnahmewort der „qu-a-t-sch“-Regel ist.

Ist der betonte Selbstlaut lang oder kurz? Musst du also dehnen oder doppeln? Überlege gut!

Ich habe vergessen, **Mehl** für den Kuchen zu kaufen.
Opa schenkt Oma eine **Rose** aus dem Garten.
Unser Hund legt sich im Sommer gerne in den **Keller**.
Metin hat einen **Käfer** gefangen.
Tanja **führt** ihre Freundin zu ihrem Geheimversteck.
Bei dieser **Hitze** gehen wir heute ins Freibad.
In diesem **Jahr** fangen die Sommerferien schon im Juni an.
Tante Frieda und Onkel Max haben sieben **Söhne**.
Habe ich dir schon **erzählt**, dass Martin kommen will?

Achtung, drei knifflige Sätze:
Ein Elefant **kann** mit seinem **Rüssel** **schwere** Gewichte **heben**.
Schnelle **Fahrer** geraten auf der **Fahrbahn** oft in **Gefahr**.
Der Schwimmer schwamm im Schwimmbecken.

lernserver • www.lernserver.de • info@lernserver.de • ☎ (0251) 83-28409

© Uni Münster • Prof. Dr. F. Schönweiss & Team
Auer Verlag GmbH, Donauwörth
lernserver Interaktive Förderdiagnostik

Ausnahmen der l, m, n, r-Regel: qu, t, sch

Name: ....

Datum: ....

Hinweis:
Leider sind die Ausnahmen der Dehnungs-h-Regel sehr komplex. Es liegt in der Einschätzung der Lehrkraft, ob die Kinder sowohl von ihrer Motivation und Lernbereitschaft als auch von ihren kognitiven Fähigkeiten her schon in der Lage sind, sich die Ausnahmeregeln einzuprägen und sinnvoll anzuwenden. Ansonsten reicht es bei Kindern der unteren Klassen, die l, m, n, r-Regel als Hilfestellung zu geben, allerdings nicht ohne dem Kind zu erklären, dass damit nicht alle Wörter abgedeckt sind.
Falls die Ausnahmen in das Übungsprogramm mit aufgenommen werden sollen, ist eine häufige Wiederholung (in Abständen) unerlässlich. Bei kleinschrittigem Vorgehen und ausreichendem Automatisieren der Regeln und der häufig vorkommenden Wörter wird eine stetig steigende Sicherheit in diesem Bereich bestimmt nicht ausbleiben.

Leider haben manche Wörter KEIN Dehnungs-h, obwohl ein l, m, n oder r nach dem langen Selbstlaut steht.
Das sind Wörter, die mit einem „qu“, „t“ oder „sch“ anfangen.

Merke dir diese drei Buchstaben gut. Wenn du dir in der Mitte ein „a“ dazudenkst, entsteht das Wort:

Qu a **t** **sch**

Suche diejenigen Wörter heraus, die einen dieser drei Buchstaben am Anfang haben. Unterstreiche sie und schreibe sie in die Spalten.

die Sohle	die Mühle	die Bohne	die <u>Schale</u>
das <u>Tal</u>	die <u>Qual</u>	die Möhre	die <u>Tür</u>
der <u>Schwan</u>	das Mehl	<u>quälen</u>	die <u>Schnur</u>
die Kohle	die <u>Träne</u>	<u>schwer</u>	<u>quer</u>
der Bohrer	<u>tun</u>	<u>schön</u>	die <u>Schere</u>

Wörter mit qu/Qu:	**Wörter mit t/T:**	**Wörter mit sch/Sch**
die Qual	das Tal	die Schale
quälen	die Tür	der Schwan
quer	die Träne	die Schnur
	tun	schwer
		schön
		die Schere

lernserver Interaktive Förderdiagnostik
© Uni Münster • Prof. Dr. F. Schönweiss & Team
Auer Verlag GmbH, Donauwörth
lernserver • www.lernserver.de • info@lernserver.de • (0251) 83-28409

Ausnahmen der l, m, n, r-Regel: qu, t, sch

Name: ....

Datum: ....

Weißt du noch? Das Dehnungs-h steht nicht, wenn Wörter im Anlaut folgende Buchstaben haben:

qu, t, sch

Versuche die Rätsel zu lösen:

Kälteschutz für den Hals:	S C H A L
Ein anderes Wort für Boot:	K A H N
Ein junges Pferd:	F O H L E N
Öffnung zum Durchgehen:	T Ü R
Jemandem ganz arg weh tun:	Q U Ä L E N
Ein anderes Wort für Karotte:	M Ö H R E
Das Gegenteil von „leicht“:	S C H W E R
Sie entsteht beim Weinen:	T R Ä N E
Dort lernen die Kinder:	S C H U L E

lernserver • www.lernserver.de • info@lernserver.de • (0251) 83-28409
© Uni Münster • Prof. Dr. F. Schönweiss & Team
Auer Verlag GmbH, Donauwörth
lernserver Interaktive Förderdiagnostik

Ausnahmen der l, m, n, r-Regel: qu, t, sch

Name: ....

Datum: ....

Hinweis:
Wenn die ausgewählten Wörter dem Partner diktiert werden, sollte dessen Wörter-Kästchen abgedeckt sein.

Du weißt sicher noch, welche drei Buchstaben am Anfang eines Wortes ein Hinweis darauf sind, dass kein Dehnungs-h kommt?

qu, t, sch

Wähle aus dem Kästchen unten sechs Wörter aus (drei davon mit t, qu und sch), schreibe sie auf die Zeilen und diktiere sie anschließend deinem Partner. Besprecht die Schreibung und verbessert, falls nötig. Danach tauscht ihr die Rollen.

kahl, fehlen, quälen, Schere, johlen, quer, Stuhl, Schnur, wühlen, bequem, Huhn, Tal, Tor, Bohrer, Uhr, Bühne, Tür, Sohne, Lehm, Ton, Träne, nehmen, Jahr, Schal, Ohr, schmal, Lehrer, Schwan, schon, Bahn, schön, Schule schwer

Deine Wörter:	**Die Wörter deines Partners:**
Zum Beispiel:	
kahl	Lehrer
fehlen	Träne
Tür	Uhr
Schal	Schule
bequem	wühlen
Ohr	quer

lernserver • www.lernserver.de • info@lernserver.de • (0251) 83-28409

lernserver • www.lernserver.de • info@lernserver.de • (0251) 83-28409

Ausnahmen der l, m, n, r-Regel: Mitlauthäufung

Name: ....

Datum: ....

Hinweis:
Diese Ausnahmeregel gilt leider nicht für alle Wörter: Stuhl, stehlen, stöhnen, Strahl usw. werden dennoch mit „h" geschrieben. Die Erwähnung dieser Ausnahmen von der Ausnahme sollte allerdings erst erfolgen, wenn die erste Regel gefestigt ist.
Für das Finden von Wortverwandten darf ein Wörterbuch zu Rate gezogen werden.

Das Dehnungs-h steht auch oft dann NICHT, wenn ein Wort mit

mehreren Mitlauten beginnt.

Bilde mit folgenden Wörtern ohne „h" einen Satz:

Blume:	Wir haben Oma zum Geburtstag **Blumen** geschenkt.
grün:	Karlas Lieblingsfarbe ist **grün**.
klar:	Es ist **klar**, dass er seinen Freund nicht im Stich lässt.
spülen:	Nach dem Essen **spülen** wir abwechselnd ab.
Strom:	Nach dem schweren Gewitter war der **Strom** weg.
Kran:	Auf der Baustelle steht ein riesiger **Kran**.

Finde für jedes Wort mindestens einen Wortverwandten:

Blume:	die Blumenwiese, blumig, das Blümchen
grün:	grünlich, blaugrün, grünen, der Grünkern
klar:	die Klarheit, erklären, die Klarsicht, klarer, am klarsten, die Erklärung
spülen:	die Spüle, abspülen, das Spültuch, die Spülmaschine
Strom:	der Stromkreis, strömen, die Strömung
Kran:	die Kräne, der Kranführer

Ausnahmen der l, m, n, r-Regel: Mitlauthäufung

Name: ....

Datum: ....

Suche aus den Schlangenwörtern die Ausnahmewörter mit Mitlauthäufung heraus, unterstreiche sie und schreibe sie auf.

superklarsichtfolienbeschichtet	**klar**
Baukranführerhaussitz	der **Kran**
Großküchengeschirrspülmaschine	**spül-**
Balkonblumenkastenerde	die **Blumen**
apfelgiftgrünlich	**grün**
Magnetstromkabelanschluss	der **Strom**

lernserver • www.lernserver.de • info@lernserver.de • ☎ (0251) 83-28409

lernserver Interaktive Förderdiagnostik
© Uni Münster • Prof. Dr. F. Schönweiss & Team
Auer Verlag GmbH, Donauwörth

Ausnahmen der l, m, n, r-Regel: Mitlauthäufung

Name: ....

Datum: ....

Welches der Wörter ohne „h“ passt wo in die Geschichte hinein?

grünen Kran strömten Blumen
klar spülte Kran Spül- klaren

An einem sonnigen, **klaren** Sommertag stand ich in der Küche und **spülte** ab. Dabei sah ich aus dem Fenster und staunte nicht schlecht: Mitten auf der **grünen** Wiese vor unserem Haus fuhr ein riesengroßer **Kran** im Kreis herum. Er wirkte etwas verloren inmitten der bunten **Blumen** und Sträucher. Natürlich war mir **klar,** dass das eine Riesensensation für die Dorfkinder sein musste, denn das hohe Ding war ja weithin sichtbar. Und da **strömten** sie auch schon herbei: Fritzchen und Karli, Heidi und Matz, Luzy und Hannes. Ich trocknete mir schnell meine **Spül**hände ab und rannte auch nach draußen. Aber gerade in diesem Augenblick drehte der **Kran** ab und verschwand hinter dem Wald. Schade, er hatte sich wohl nur verfahren!

lernserver • www.lernserver.de • info@lernserver.de • ☎ (0251) 83-28409

© Uni Münster • Prof. Dr. F. Schönweiss & Team
Auer Verlag GmbH, Donauwörth
lernserver Interaktive Förderdiagnostik

Ausnahmen der l, m, n, r-Regel: Mitlauthäufung

Name: ....

Datum: ....

Hinweis:
Es gibt noch mehr Wörter, die trotz Mitlauthäufung ein Dehnungs-h haben. Sie sind aber für die zweite/dritte Klasse noch nicht unbedingt relevant (siehe Hinweise für Lehrer und Eltern).
Um sich diese vier Wörtchen mit „st" besser zu merken, können die Kinder Wortverwandte dazu finden (strahlen – Strahl) und anschließend an diese Übung einen Satz bilden, den sie auch pantomimisch darstellen und dann auswendig lernen, z.B.:

Zwei Diebe **stehlen** dem König einen goldenen **Stuhl** und **strahlen** vor Glück. Der König aber **stöhnt**.

Oder:
Zwei Diebe **stehlen** dem **stöhnenden** König einen **Stuhl** und **strahlen** vor Glück.

Lerne die Merkwörter auswendig, die trotz Mitlauthäufung ein Dehnungs-h im Wort haben:

Stuhl, stehlen, stöhnen, strahlen

Decke das Kästchen ab und versuche, die vier Wörter aus dem Gedächtnis aufzuschreiben.

Stuhl
stehlen
stöhnen
strahlen

Vergleiche nun, ob du alles richtig geschrieben hast.

Suche aus dem Buchstabensalat die Merkwörter heraus und unterstreiche sie:

G L P O U K J H Z T R G L M A Ü Ä I O N G
K L H D F R M S T U H L J K O U J B Q Ü O
N U P K G N Ä L O Y S A S T E H L E N Q P
N J Z T D Ö P N H G T S W A L N F D H D V
S T Ö H N E N K L A T E S D F E W T V W H
G W A L K G H F D P N M S T R A H L E N I

lernserver • www.lernserver.de • info@lernserver.de • ☎ (0251) 83-28409

Ausnahmen der l, m, n, r-Regel: Merkwörter

Name: ....

Datum: ....

Weißt du noch alle Regeln, die du bisher zum Dehnungs-h gelernt hast? Lies sie dir noch einmal durch.
Welche ganz unten stehenden Wörter passen zu welcher Regel?

Das Dehnungs-h steht nur dann,
wenn du nach einem langen betonten Selbstlaut ein
l, m, n oder r hörst.

Lehm, Zahn, Uhr, Ohr, zahm

Es steht NICHT,
wenn ein Wort mit „**qu**" oder „**t**" oder „**sch**" anfängt.

Tür, quälen, Ton, Schere, Schule, Tal, schön, quer

Es steht NICHT,
wenn ein Wort mit **mehreren Mitlauten** anfängt.

Merke aber: Stuhl, stehlen, stöhnen, strahlen

grün, Blume, spülen, strömen

Tür, quälen, grün, Blume, Lehm, Zahn,
Uhr, Ton, Schere, Schule, schön, Tal,
spülen, strömen, Ohr, zahm, quer

lernserver • www.lernserver.de • info@lernserver.de • ☎ (0251) 83-28409

Ausnahmen der l, m, n, r-Regel: Merkwörter

Name: ....

Datum: ....

Hinweis:
Weitere Wörter ohne „h“, die Kinder normalerweise aber sowieso nicht falsch schreiben, sind:
nur, der, den, denen, wer, wem, wen, her, mal, ich war, sogar

Suche in der Geschichte nach den 12 Merkwörtern ohne „h“, unterstreiche sie und schreibe sie noch einmal ab.

Ameise Bär Dame holen hören Honig
komisch König malen Monat Name wenig

Ein großer Bär traf im sonnigen Monat Mai auf eine kleine Ameise, die gerade Pause machte und mit einem winzigen Stöckchen ein Bild in den Sand malte. Er fand sie ganz besonders hübsch und zierlich, so dass er sich sogar traute, sie anzusprechen.
„Guten Tag, schöne Dame, wie ist dein Name?“
„Was geht denn dich das an?“, fragte die kleine Ameise spitz und sah den riesigen Bären schräg von unten an.
„Also hör mal“, brummte der Bär verunsichert, „ich bin der König der Tiere und furchtbar schlau, da darf ich doch wohl deinen Namen wissen!“
Die Ameise fing an zu kichern. „Also, wenn du der König der Tiere und auch noch schlau bist, dann bin ich die Königin der Bienen und mache Honig“, sagte sie belustigt.
Der Bär kratzte sich nachdenklich am Kopf. Den Witz hatte er nicht so ganz verstanden. „Aha“, meinte er nach einer Weile, „aber das ist komisch, ich dachte immer, Bienen wären schwarz-gelb gestreift und hätten Flügel.“
„Tja, so kann man sich irren“, antwortete die Ameise ungerührt und vollendete ihr Bild mit einem letzten schwungvollen Strich. Dann stand sie auf und klopfte sich den Sand von den Beinen. „So, ich muss mal wieder“, erklärte sie und nickte dem Bären aufmunternd zu. „Du bist zwar weder ein König noch besonders schlau, aber ein großer, starker Kerl, der vielleicht auch noch ganz nett sein kann, wenn er will.“ Auf dem Gesicht des Bären breitete sich ein glückliches Grinsen aus. Er suchte verzweifelt nach einer besonders geistreichen Antwort, doch die Ameise war schon einige Meter weiter gehuscht. Kurz vor ihrem Hügel drehte sie sich aber noch einmal um und sagte lächelnd: „Übrigens: Mein Name ist Bärbel!“
„Angenehm“, brüllte ihr der Bär aufgeregt hinterher, „und ich heiße Benno, äh, hm, soll ich dich mal zum Tanzen abholen oder so?“ Darauf bekam er allerdings keine Antwort. Die Ameise war schon in ihrem Bau verschwunden und konnte den Bären nicht mehr hören. „Macht nichts“, dachte er vergnügt und guter Dinge, „ich kann ja im nächsten Monat noch einmal vorbeischauen. Vielleicht hat sie dann auch ein wenig Honig für mich!“

lernserver Interaktive Förderdiagnostik
© Uni Münster • Prof. Dr. F. Schönweiss & Team
Auer Verlag GmbH, Donauwörth
lernserver • www.lernserver.de • info@lernserver.de • (0251) 83-28409

lernserver • www.lernserver.de • info@lernserver.de • (0251) 83-28409

Ausnahmen der l, m, n, r-Regel: alle Ausnahmen

Name: ....

Datum: ....

Hinweis:
Die 12 Merkwörter ohne „h“ sind nur eine auf die 2./3. Klasse abgestimmte Auswahl. Es gibt noch weitere, die später in den höheren Klassen gelernt werden müssen. Übrigens: Juni und Juli kommen aus dem Lateinischen – Juno und Julius – und werden deshalb ohne h geschrieben.
Das Einsetzen der gesamten Dehnungs-h-Regeln erfordert gute Merkfähigkeit. Die Kinder dürfen deshalb bei Bedarf in den Regeln nachschauen. Wiederholungen – auch nach gewissen Zeitabständen – sind wichtig!

Wiederholung:

Das Dehnungs-h steht **nur** dann,
wenn du nach einem **langen** betonten Selbstlaut ein **l**, **m**, **n** oder **r** hörst.

Es steht **NICHT**,
1. wenn ein Wort mit **„qu“** oder **„t“** oder **„sch“** anfängt,
2. wenn ein Wort mit **mehreren** Mitlauten anfängt,
(Ausnahmen: Stuhl, stehlen, stöhnen, strahlen)
3. bei den 12 Merkwörtern:

Ameise, Bär, Dame, holen, hören, Honig,
komisch, König, malen, Monat, Name, wenig

Versuche nun, die Lücken zu füllen:

Auf dem Tisch steht eine Schale mit Obst. (l oder hl?)
Das Tor ist weit offen. (r oder hr?)
Der Zahn tut weh. (n oder hn?)
Es gibt zu wenig Stühle. (l oder hl?)
Das Gras ist grün. (n oder hn?)
Der König herrscht über sein Land. (n oder hn?)
Wie ist dein Name? (m oder hm)
Sabine malt ein Bild. (l oder hl?)
Ich bin ganz Ohr. (r oder hr?)

© Uni Münster • Prof. Dr. F. Schönweiss & Team
Auer Verlag GmbH, Donauwörth
lernserver Interaktive Förderdiagnostik

Ausnahmen der l, m, n, r-Regel,
Spiel mit allen Regeln

Name: ....

Datum: ....

<u>Antworten zu Frage-Kärtchen:</u>

- Bedingung für das Dehnungs-h: Es steht nur nach einem **<u>langen</u>**, betonten Selbstlaut und nur dann, wenn ein **l, m, n** oder **r** folgt.

- Schule, schön, Schere, Schal, Träne, Qual, Tal, Schemel, quer, Schwan, Tor gehören zur Ausnahmeregel **„qu** – a – **t** – **sch“.**

- Kran, Blume, grün, Träne gehören zur Ausnahmeregel „Mitlauthäufung am Wortanfang“.

- stehlen, stöhnen, Stuhl, strahlen gehören zu „Ausnahme von der Ausnahme“: Dehnungs-h trotz Mitlauthäufung am Wortanfang.

- 12 Merkwörter ohne „h“:
  Ameise, Bär, Dame, holen, hören, Honig,
  komisch, König, malen, Monat, Name, wenig

- Tafel, mager, Schaf: ohne „h“, weil **kein** l, m, n, r danach kommt.

- Limonade: „a“ ist betont und lang, danach aber **kein** l, m, n, r.

- Heft und Roller: **kurzer** betonter Selbstlaut, deshalb keine Dehnung.

- Alle Ausnahmeregeln des Dehnungs-h:
  q – a – **t** – **sch** – Regel,
  Mitlauthäufung am Wortanfang (Ausnahmen: Stuhl, strahlen, stöhnen, stehlen), **12 Merkwörter** (Ameise, Bär, Dame, holen, hören, Honig, komisch, König, malen, Monat, Name, wenig)

Dehnung oder Dopplung, Lückendiktat

Name: ....

Datum: ....

<u>Lückendiktat</u>

<u>Hinweis:</u>
Bitte wieder Zeit zum Überlegen lassen. Die Kinder müssen an eine Menge Regeln denken (falls sie die Wörter nicht auswendig wissen)!
Die Fehlerbesprechung sollte ausführlich erfolgen, zum Beispiel:
Warum muss man bei „Mehl“ dehnen? Weil der betonte Selbstlaut lang ist und danach ein l (l, m, n, r) folgt.
Warum muss man bei „Rüssel“ doppeln? Weil der betonte Selbstlaut kurz ist und man danach nur einen Mitlaut (das „s“) hört.
Warum muss man bei „schwere“ kein „h“ schreiben? Weil es ein Ausnahmewort der „qu-a-t-sch“-Regel ist.

Ist der betonte Selbstlaut lang oder kurz? Musst du also dehnen oder doppeln? Überlege gut!

Ich habe vergessen, **<u>Mehl</u>** für den Kuchen zu kaufen.
Opa schenkt Oma eine **<u>Rose</u>** aus dem Garten.
Unser Hund legt sich im Sommer gerne in den **<u>Keller</u>**.
Metin hat einen **<u>Käfer</u>** gefangen.
Tanja **<u>führt</u>** ihre Freundin zu ihrem Geheimversteck.
Bei dieser **<u>Hitze</u>** gehen wir heute ins Freibad.
In diesem **<u>Jahr</u>** fangen die Sommerferien schon im Juni an.
Tante Frieda und Onkel Max haben sieben **<u>Söhne</u>**.
Habe ich dir schon **<u>erzählt</u>**, dass Martin kommen will?

Achtung, drei knifflige Sätze:
Ein Elefant **<u>kann</u>** mit seinem **<u>Rüssel</u>** **<u>schwere</u>** Gewichte **<u>heben</u>**.
Schnelle **<u>Fahrer</u>** geraten auf der **<u>Fahrbahn</u>** oft in **<u>Gefahr</u>**.
<u>Der Schwimmer schwamm im Schwimmbecken</u>.

Dehnungs-h: dehnen oder doppeln?

Name: ....

Datum: ....

Hinweis:
Je nachdem, ob das Kind den Vorschlag eins oder zwei für richtig hält, kreist es die richtige Ziffer ein. Wenn es alle Sätze bearbeitet hat, überträgt es die Ziffern von links nach rechts auf die unten stehenden Buchstaben und erhält so das Lösungswort.

Achte auf den betonten Selbstlaut:
Wenn er lang ist, überlege, ob ein Dehnungs-h stehen muss.
Wenn er kurz ist, überlege, ob ein doppelter Mitlaut nötig ist.

Welches Wort ist richtig?

	Vorschlag
Gundi ~~dent~~/dehnt und streckt sich.	~~1~~ oder 2? (l, m, n, r-Regel)
Heute hat der ~~Han~~/Hahn nicht gekräht.	~~1~~ **oder 2?** (l, m, n, r-Regel)
Bären mögen gerne Honig/~~Hohnig~~.	1 oder ~~2~~? (Merkwort)
In Sibirien herrscht eine schauerliche Kälte/~~Kältte~~.	**1 oder ~~2~~?** (2 Mitlaute nach SL)
Ulrike hat eine ~~zame~~/zahme Dohle.	~~1~~ oder 2? (l, m, n, r-Regel)
In Südfrankreich gibt es viele ~~Hölen~~/Höhlen.	**~~1~~ oder 2?** (l, m, n, r-Regel)
Zum Geburtstag bekam Oma viele Blumen/~~Bluhmen~~.	1 oder ~~2~~? (Mitlauthäufung)
Auf dem See schwimmen zwei Schwäne/~~Schwähne~~.	**1 oder ~~2~~?** („sch"-Ausnahme)
Eine kleine ~~Krabe~~/Krabbe läuft ins Meer.	~~1~~ oder 2? (ein ML nach kurz. SL)
Opa ~~erzält~~/erzählt gerne aus seiner Jugend.	**~~1~~ oder 2?** (l, m, n, r-Regel)
Gibt es auch schwarze ~~Schimel~~/Schimmel?	~~1~~ oder 2? (ein ML nach kurz. SL)
Die Kühe werden von der Alm ins Tal/~~Tahl~~ getrieben.	**1 oder ~~2~~?** („t"-Ausnahme)
Klaus holt/~~hohlt~~ seinen Freund Mario ab.	1 oder ~~2~~? (Merkwort)

1=H 2=S 1=A 2=P 1=R 2=L 1=I 2=C 1=N 2=T

1=O 2=Z 1=P 2=Z 1=I 2=D 1=H 2=S 1=V 2=T

1=N 2=O 1=L 2=S 1=E 2=V

Lösungswort: Spritzpistole

lernserver Interaktive Förderdiagnostik
© Uni Münster • Prof. Dr. F. Schönweiss & Team
Auer Verlag GmbH, Donauwörth
lernserver • www.lernserver.de • info@lernserver.de • ☎ (0251) 83-28409

Mehrzahl bilden

Name: ....

Datum: ....

Hinweis:
Beim Silben-h ist auf eine genaue Aussprache zu achten: NICHT Re-je, sondern Re-he sprechen. Die Aufgabe des Silben-h ist es, die Silbenfuge zu markieren bzw. einen langen betonten Vokal von einem unbetonten unmittelbar folgenden zu trennen.

Das Silben-h ist kein Dehnungs-h!
Das Silben-h steht zwischen einem langen, betonten Selbstlaut und einem kurzen, um diese beiden voneinander zu trennen. Hier ist es auch hörbar:

die Kühe, die Schuhe, sehen, gehen, froher

Manchmal jedoch ist das Silben-h auch stumm, nämlich dann, wenn es in veränderten Formen am Ende eines Wortes oder vor einem Mitlaut zu stehen kommt:

die Kuh, der Schuh, ihr seht, sie geht, froh

Bilde die Mehrzahl, dann kannst du das Silben-h hören:

das Reh:	die **Rehe**
die Kuh:	die **Kühe**
der Schuh:	die **Schuhe**
der Floh:	die **Flöhe**

lernserver • www.lernserver.de • info@lernserver.de • ☎ (0251) 83-28409
© Uni Münster • Prof. Dr. F. Schönweiss & Team
Auer Verlag GmbH, Donauwörth
lernserver Interaktive Förderdiagnostik

Infinitiv und Komparativ

Name: ....

Datum: ....

Bei Zeitwörtern suchst du die Grundform, um das Silben-h hörbar zu machen:

sie blüht: **blühen**
sie näht: **nähen**
ihr flieht: **fliehen**
er mäht: **mähen**
es zieht: **ziehen**

Bei Eigenschaftswörtern bildest du die erste Steigerungsform:

Das Unwetter ist nah.
Das Unwetter kommt immer **näher**.

Nelly ist froh.
Ursula ist noch **froher**.

Simone steht früh auf.
Ihr Bruder steht viel **früher** auf.

lernserver • www.lernserver.de • info@lernserver.de • (0251) 83-28409

© Uni Münster • Prof. Dr. F. Schönweiss & Team
Auer Verlag GmbH, Donauwörth

Wörter in einer Geschichte suchen

Name: ....

Datum: ....

Unterstreiche in der kleinen Geschichte die Wörter mit Silben-h und schreibe sie auf die Zeilen.
Wo ist das „h" hörbar? Wo ist es stumm? Verändere beim stummen Silben-h die Wörter so, dass das „h" hörbar wird.

Im Juni **blühen** die Wiesen. Der Bauer **mäht** mit seinem **Mähdrescher** das Gras ab. Ein kleines **Reh** hat sich in den **hohen** Halmen versteckt. Als das laute Ungetüm immer **näher** kommt, **flieht** das scheue Tier in den Wald. Der Bauer ist **froh**, denn er hatte es in seinem Versteck nicht **gesehen**. **Beinahe** wäre ein Unglück **geschehen**.

hörbares Silben-h:

blühen, hohen, näher, gesehen, beinahe, geschehen

stummes Silben-h:

stumm:	hörbar:
mäht	mähen
Mähdrescher	mähen
Reh	Rehe
flieht	fliehen
froh	froher

lernserver • www.lernserver.de • info@lernserver.de • (0251) 83-28409

© Uni Münster • Prof. Dr. F. Schönweiss & Team
Auer Verlag GmbH, Donauwörth

Wortverwandte verbinden

Name: ....

Datum: ....

Verbinde jedes Wortpaar, das zusammenpasst, mit einer anderen Farbe. Bilde mit jeweils einem Wort einen ganzen Satz.

der Drehstuhl   nahen   das Rehkitz

fliehen   nähen   die Nähmaschine   der Floh

sie flieht   er naht   die Flöhe   die Rehe   drehen

der Schuhlöffel   die Kühe   die Schuhe   der Kuhstall

Mögliche Sätze:

der Drehstuhl – drehen	Er **dreht** sich um.
er naht – nahen	Die Karnevalszüge **nahen** mit Musik und Getöse.
das Rehkitz – die Rehe	Das **Rehkitz** flüchtet in den Wald.
sie flieht – fliehen	Wir **fliehen** vor dem Sturm.
die Nähmaschine – nähen	Mutters **Nähmaschine** ist kaputt.
der Floh – die Flöhe	Unser Hund hatte noch nie **Flöhe**.
der Schuhlöffel – die Schuhe	In manche **Schuhe** kommt man nur mit dem **Schuhlöffel**.
der Kuhstall – die Kühe	Unsere Katze schläft am liebsten im **Kuhstall**.

lernserver • www.lernserver.de • info@lernserver.de • (0251) 83-28409

lernserver Interaktive Förderdiagnostik
© Uni Münster • Prof. Dr. F. Schönweiss & Team
Auer Verlag GmbH, Donauwörth

Merkwörter im Buchstabensalat

Name: ....

Datum: ....

Hinweis:
Weitere Wörter mit Doppelselbstlauten finden sich bei den Hinweisen für Lehrer und Eltern. Sie gehören aber eigentlich zum Grundwortschatz der höheren Klassen.

Findest du alle Merkwörter mit Doppelselbstlauten im Buchstabensalat? Unterstreiche sie und schreibe sie auf.

F G R Z U **T E E** K L O P Q Ü F A C L G R Z F D E N H J K U
C S E T S A S D G D S D S **H A A R** T G S K L A O P M N I L
B O O T H R E C D G J K L P Ü Ö Y X S A W E **P A A R** K J I
M A S T U W D W W F G B N E **Z O O** D S W **S E E** M D F I I
I R T K G P M N C X **D O O F** G H S W P R T H G C D F T W
B N K O T U V F **S C H N E E** W F G Z I O P L R E R **L E E R**
L P V **W A A G E** K L Ö B V C F T Y S R E F G T Z **M E E R** J
C X R T W Q P G H U N S D R **B E E R E** T Z U A S D V B P

aa:

das Haar, ein paar, die Waage

oo:

das Boot, der Zoo, doof

ee:

der Tee, der See, der Schnee, leer, das Meer, die Beere

lernserver • www.lernserver.de • info@lernserver.de • (0251) 83-28409

© Uni Münster • Prof. Dr. F. Schönweiss & Team
Auer Verlag GmbH, Donauwörth
lernserver Interaktive Förderdiagnostik

Lückensätze

Name: ....

Datum: ....

In welchen Satz passt welches Wort?

das Haar, ein paar
das Boot, doof, der Zoo
leer, der Schnee, der See, der Tee

Kann ich noch eine Tasse **Tee** haben, bitte?

Wer hat auf die Tafel geschrieben: „Hanno ist **doof**"?

Vater geht im Urlaub an einem **See** angeln.

Er fährt dann mit einem kleinen **Boot** hinaus.

Günter schiebt sich ein **paar** Erdnüsse in den Mund.

Ich habe ein **Haar** in der Suppe gefunden.

Die Dose mit Erdnüssen ist leider schon **leer.**

Im **Zoo** schaue ich mir am liebsten die Kängurus an.

Wenn genügend **Schnee** liegt, können wir Schlitten fahren.

Der Verkäufer legt das Obst zum Wiegen auf die **Waage.**

In Sommer pflücken wir **Beeren** im Wald.

Was magst du lieber: das **Meer** oder die Berge?

lernserver • www.lernserver.de • info@lernserver.de • ☎ (0251) 83-28409

© Uni Münster • Prof. Dr. F. Schönweiss & Team
Auer Verlag GmbH, Donauwörth

Lückensätze

Name: ....

Datum: ....

Achtung:
Es gibt keine Doppelumlaute: das Paar – das Pärchen

Aus groß mach klein:
Bilde die Verkleinerungsform mit –chen oder –lein.

Das große Boot → das kleine **Bötchen**

Das lange Haar → das kurze **Härchen**

Finde Wortverwandte zu den Merkwörtern:

das Haar: **die Haare, das Härchen, der Haarausfall, haarig**

die Waage: **die Waagen, die Briefwaage, waagerecht, die Waagschale**

das Boot: **die Boote, das Bötchen, der Bootssteg, ausbooten, das Segelboot**

doof: **die Doofheit, der Doofmann**

der Zoo: **die Zoos, das Zootier, der Zoodirektor, der Zoologe**

die Beere: **die Beeren, das Beerchen, die Erdbeere, die Himbeere, die Blaubeere**

leer: **die Leere, ausleeren, entleeren, die Leerung, entleert**

das Meer: **die Meere, die Meerestiere, die Meeresfrüchte, das Lichtermeer**

der Schnee: **der Schneeball, die Schneekugel, der Schneemann, der Schneefall**

der See: **die Seen, der Seehund, die Seerose**

der Tee: **der Kamillentee, die Teetasse, die Teekanne, der Pfefferminztee**

lernserver • www.lernserver.de • info@lernserver.de • ☎ (0251) 83-28409

© Uni Münster • Prof. Dr. F. Schönweiss & Team
Auer Verlag GmbH, Donauwörth

Wörter mit „ie“ finden

Name: ....

Datum: ....

Hinweis:
Die einzelnen Buchstaben dürfen natürlich mehrfach verwendet werden.
Es ist Wörterbucharbeit und/oder Partnerarbeit erlaubt. Man könnte die Übung auch als Wettkampf gestalten: Welches Team findet die meisten Wörter?

Der lange i-Laut wird meistens „ie“ geschrieben.

Wie viele Wörter kannst du aus den vorgegebenen Buchstaben bilden? Schreibe sie auf:

		IE			
N	B	E	R	F	L
G	D	H	W	S	P

Wortbeispiele:

Biene, Brief, Fliege, fliegen, Giebel, Lied, Lieder, hier, Hiebe, lieben, lieb, lieber, liefern, liegen, Liege, nie, sieben, siegen, Sieg, spielen, Wiese, wieder, Wiege, Sieb, fiepen, frieren, dienen, Diener, piepen, Riege, wiegen, wiehern ...

lernserver • www.lernserver.de • info@lernserver.de • (0251) 83-28409

lernserver Interaktive Förderdiagnostik
© Uni Münster • Prof. Dr. F. Schönweiss & Team
Auer Verlag GmbH, Donauwörth

Zeitwörter beugen

Name: ....

Datum: ....

Es gibt viele Zeitwörter mit „ie“. Schreibe sie in anderen Formen:

spielen:	Hokus **spielt** mit Abermakaber.
frieren:	Abermakaber **friert** ohne Zauberhut.
schielen:	Der Löwe **schielt** grauenvoll.
verbiegen:	Du **verbiegst** dich beim Turnen.
wiegen:	Findus **wiegt** wenig.
siegen:	Jim Knopf **siegt** über die Wilde 13.
fliegen:	Tarzan **fliegt** durch den Urwald.
lieben:	Bibi Blocksberg **liebt** ihren Besen.
mieten:	Benjamin Blümchen **mietet** einen Zoo.
kriechen:	Du **kriechst** unter das Bett.

Wer findet die meisten Zeitwörter mit kurzem i-Laut, aber ohne Mitlautverdopplung?

Beispiele:
kichern, zischen, wischen, mischen, hinken, stinken, trinken, blinken, winken, sinken, wildern, schildern, dichten, binden, blinzeln, winseln, pinseln, bringen, finden, klingen, lindern, lispeln, ringen, singen, schwindeln

lernserver • www.lernserver.de • info@lernserver.de • (0251) 83-28409

© Uni Münster • Prof. Dr. F. Schönweiss & Team
Auer Verlag GmbH, Donauwörth
lernserver Interaktive Förderdiagnostik

Lückenwörter und Reime

Name: ....

Datum: ....

Hier musst du herausfinden, ob der betonte i-Laut lang oder kurz gesprochen wird.
Ist er lang, schreibst du „ie“. Ist er kurz, schreibst du „i“.

der Br**ie**f
die T**i**nte
die Z**ie**ge
der R**ie**se
die W**ie**se
die **I**nsel
sp**ie**len
die W**ie**ge
der P**i**nsel
die Fl**i**nte
t**ie**f
z**ie**len

Finde die Reimpaare und schreibe sie auf die Zeilen:

langer i-Laut (ie):

Brief – tief
Ziege – Wiege
Wiese – Riese
spielen – zielen

kurzer i-Laut (i):

Tinte – Flinte
Pinsel – Insel

lernserver • www.lernserver.de • info@lernserver.de • (0251) 83-284 09

Buchstabensalat mit Tieren

Name: ....

Datum: ....

Hinweis:
Hier sollte die Lehrkraft darauf aufmerksam machen, dass nach einem **kurzen i-Laut** wieder die Dopplungsregel in Kraft tritt:
Wenn man danach zwei verschiedene Mitlaute hört, muss nicht gedoppelt werden (Rind). Hört man aber nur einen, muss man ihn verdoppeln (Spinne).

Du findest hier in diesem Buchstabensalat 14 Tiere, deren Namen einen betonten i-Laut haben. Suche sie und schreibe sie in die richtigen Spalten:

H O P **F I S C H** G P L B N M **B I E N E** S D J A L E N S L K
H I R S C H M K L A W R **F L I E G E** K A J U D **R I N D** S O
A B D H V T O A S K D H G H **S P I N N E** A L A S D L N W
M C A **S T I E R** A S D G **Z I E G E** Ö A S J D N S A S D J A
M **S P I T Z** F D S **W I D D E R** G F S A L Ö **I L T I S** K L S H
G D P A S J A D **S C H I L D K R Ö T E** P S A S J D L G B E
O A Ö N C H D A D E L E D **W I E S E L** E F D **F I N K** S S J

langer i-Laut (ie)	kurzer i-Laut (i)
Biene	Fisch
Fliege	Hirsch
Stier	Rind
Ziege	Spinne
Wiesel	Spitz
	Widder
	Iltis
	Schildkröte
	Fink

lernserver • www.lernserver.de • info@lernserver.de • (0251) 83-284 09

Lückendiktat mit langem „ie“ und kurzem „i“

Name: ....

Datum: ....

Lückendiktat mit i-Lauten:

Sprich dir die Lückenwörter leise vor:
Wenn der i-Laut lang ist, schreibst du „ie“.
Wenn er kurz ist, schreibst du „i“.

Abermakaber und Hokus spielen auf einer Wiese Federball. Sie springen dabei wild hin und her und singen in den höchsten Tönen ein Kinderlied nach dem anderen.
Eine kleine Biene, die auf derselben Wiese von Blüte zu Blüte fliegt und Blütenstaub einsammelt, findet das gar nicht gut. Immer wieder muss sie den beiden Jungen flink ausweichen, damit sie nicht angestoßen oder zertreten wird.
„Gleich steche ich dich in den Finger, mein Lieber“, brummt sie böse, als Abermakaber zwischen dem Löwenzahn nach dem Federball sucht, ausgerechnet hier, wo sie sich gerade niedergelassen hat. Da entdeckt der kleine Zauberer das schwarz-gelbe Tierchen und ruft Hokus erschrocken zu: „Oh, eine Biene, fast hätte ich sie zertrampelt! Lass uns ein bisschen weiter nach links gehen!“
„Na bitte, so achtlos, wie ich dachte, ist der kleine Zauberer gar nicht“, denkt die Biene und riecht zufrieden an einer sonnengelben Blüte. „Jetzt kann ich also doch in Ruhe meiner Arbeit nachgehen.“ Das mit dem Stechen hatte sie ja eigentlich auch nicht wirklich ernst gemeint.

lernserver
Interaktive Förderdiagnostik
© Uni Münster • Prof. Dr. F. Schönweiss & Team
Auer Verlag GmbH, Donauwörth
lernserver • www.lernserver.de • info@lernserver.de • (0251) 83-28409

Rätsel mit Ausnahmewörtern

Name: ....

Datum: ....

Wenn du die Ausnahmewörter mit langem „i“ gut gelernt hast, ist das folgende Silbenrätsel kein Problem für dich.

bel – ger – li – Man – la – Fi – I – bel –
ri – gel – Ro – ne – pri – Bi – ma – Bi –
Nil – Ti – ber – Ki - da – ne – si – lo – pferd

Ein sehr großes Tier mit riesigen Zähnen:	das **Nilpferd**
Ein ganz berühmtes, uraltes Buch:	die **Bibel**
Ein wildes Tier mit mit schwarzen Streifen:	der **Tiger**
Wenn man blau und rot mischt, erhält man:	**lila**
Ein Schulbuch für die Grundschule:	die **Fibel**
Ein kleines Tier mit Stacheln:	der **Igel**
Eine getrocknete Traube:	die **Rosine**
Ein anderes Wort für „toll“ und „klasse“:	**prima**
Ein Nagetier, das Baumstämme anknabbert und am Fluss lebt:	der **Biber**
Sie ist orange, aber kleiner als eine Orange:	die **Mandarine**
Chris kauft Bananen, und zwar zwei...	**Kilo**

lernserver • www.lernserver.de • info@lernserver.de • (0251) 83-28409
© Uni Münster • Prof. Dr. F. Schönweiss & Team
Auer Verlag GmbH, Donauwörth
lernserver
Interaktive Förderdiagnostik

Rätsel mit Ausnahmewörtern

Name: ....

Datum: ....

Kannst du die Merkwörter mit langem „i“ auswendig?

1. Finde selbst drei Wörter mit „–ine“ am Ende.
Tipp: Denke dabei auch an Früchte!

Mandarine, Apfelsine, Clementine, Rosine, Gardine, Maschine, Praline ...

2. Fallen dir noch die vier Tiere mit langem „i“ ein?

der Biber, das Nilpferd, der Tiger, der Igel

3. Weißt du noch die zwei Bücher mit langem „i“? Sie reimen sich!

die Bibel, die Fibel

4. Setze den folgenden Satz in die Einzahl:
Sie geben den Goldhamstern Wasser und Futter.

Er **gibt** dem Goldhamster Wasser und Futter.

5. Zwei Pfund sind ein **Kilo.**

6. Wie heißen die drei Fürwörter mit langem „i“?

mir, dir, wir

7. Wie heißt die Farbe mit langem „i“? **lila**

8. Das hast du **prima** gemacht!

lernserver Interaktive Förderdiagnostik
© Uni Münster • Prof. Dr. F. Schönweiss & Team
Auer Verlag GmbH, Donauwörth

lernserver • www.lernserver.de • info@lernserver.de • (0251) 83-28409

lernserver • www.lernserver.de • info@lernserver.de • (0251) 83-28409

Ausnahmen: „ih“ in Fürwörtern

Name: ....

Datum: ....

Eines musst du dir noch merken:
Es gibt auch einen langen i-Laut, der „ih“ geschrieben wird.
Dieses „ih“ kommt nur in persönlichen Fürwörtern vor, die mit „i“ beginnen:

ihn, ihm, ihr, ihnen, ihren

Setze die richtigen Fürwörter ein:

Ich habe Georg gesehen.

Ich habe **ihn** gesehen.

Du hast Michael ein Buch gegeben.

Du hast **ihm** ein Buch gegeben.

Er hat seiner Mutter alles erzählt.

Er hat **ihr** alles erzählt.

Der Lehrer hat den Kindern geholfen.

Der Lehrer hat **ihnen** geholfen.

Margit hat gestern Ulrikes Bruder in der Stadt getroffen.

Margit hat gestern **ihren** Bruder in der Stadt getroffen.

© Uni Münster • Prof. Dr. F. Schönweiss & Team
Auer Verlag GmbH, Donauwörth
lernserver Interaktive Förderdiagnostik

Lückensätze mit Ausnahmen

Name: ....

Datum: ....

Setze die verschiedenen i-Laute in die Lückenwörter ein.
Prüfe zuerst, ob der i-Laut lang oder kurz ist und denke auch an die Ausnahmen!

i – ie – i – ih – ie – ie – i – ie – ie – ie – i - ih -
i – ie – ie – i – ie – i – i – i – ie – ie – i - ie

Abermakaber l**ie**bt N**i**lpferde.

Hokus f**i**ndet T**i**ger toll.

Beide haben **ih**r Taschengeld für den Zoo ausgegeben.

Sie sch**ie**ben sich durch die v**ie**len Zuschauer nach vorn.

Dort sp**ie**len junge Raubkatzen m**i**teinander und toben herum.

Ein ganz w**i**nziges Baby kr**ie**cht an den Bauch seiner Mutter.

„Eigentlich müsste der Kleine in einer W**ie**ge l**ie**gen", meint Abermakaber.

„Pffffh", macht Hokus, „das würde **ih**n ja total verweichlichen!"

Dann gehen sie zum N**i**lpferd. Dort r**ie**cht es nicht so besonders gut, und Hokus rümpft die Nase.

„Puh, ist das r**ie**sig!", k**i**chert er.

„Es sieht aber sehr n**ie**dlich aus", verteidigt es Abermakaber.

„Niedlich? Das w**ie**gt ja m**i**ndestens 1000 K**i**lo!"

Da taucht das T**ie**r ins Wasser und bleibt volle fünf M**i**nuten verschwunden.

(Achtung, Falle: Bei „Minuten" ist das „i" NICHT betont. Hier könnte gar kein „ie" stehen!)

lernserver
Interaktive Förderdiagnostik

© Uni Münster • Prof. Dr. F. Schönweiss & Team
Auer Verlag GmbH, Donauwörth

lernserver • www.lernserver.de • info@lernserver.de • (0251) 83 - 28409

Lernserver-Fördermappen Klasse 2/3

Rechtschreibung verstehen und üben

1	Umlautableitung 104 S., DIN A4, kart.	ISBN 978-3-403-04625-7 ISBN 3-403-04625-7
2	Auslautableitung 108 S., DIN A4, kart.	ISBN 978-3-403-04626-4 ISBN 3-403-04626-5
3	Betonung 96 S., DIN A4, kart.	ISBN 978-3-403-04627-1 ISBN 3-403-04627-3
4	Dopplung 88 S., DIN A4, kart.	ISBN 978-3-403-04628-8 ISBN 3-403-04628-1
5	S-Laute 80 S., DIN A4, kart.	ISBN 978-3-403-04629-5 ISBN 3-403-04629-X
6	**Dehnung** **188 S., DIN A4, kart.**	**ISBN 978-3-403-04630-1** **ISBN 3-403-04630-3**
7	Groß- und Kleinschreibung 224 S., DIN A4, kart.	ISBN 978-3-403-04631-8 ISBN 3-403-04631-1

lernserver • www.lernserver.de • info@lernserver.de • ☎ (0251) 83-28409

© Uni Münster • Prof. Dr. F. Schönweiss & Team
Auer Verlag GmbH, Donauwörth

Kreative Impulse für die Unterrichtsgestaltung

lernserver – das Original!

Interaktive Förderdiagnostik

Mehr Infos unter www.lernserver.de

Die Rechtschreibfähigkeit des Kindes exakt testen – passgenaues Fördermaterial *online* abrufen: Das ist das innovative Konzept von lernserver !

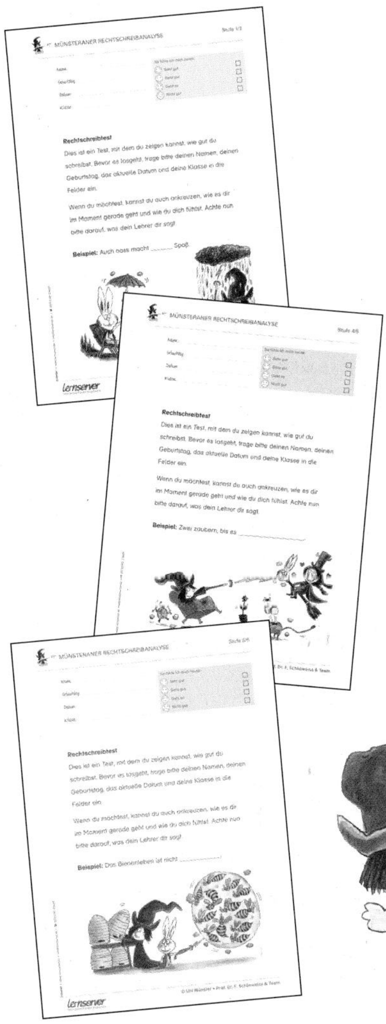

Arbeiten mit dem Lernserver

So funktioniert der Lernserver:

Die **Testbögen** der ***Münsteraner Rechtschreibanalyse*** (MRA) sind altersadäquate Lückendiktate, die handschriftlich von jedem Kind ausgefüllt werden. **Der Clou:** Die Fehlschreibungen der Kinder können Sie anschließend online über eine bequeme Eingabemaske auf der Homepage www.lernserver.de eingeben.

Die **Diagnose der Rechtschreibleistung** erfolgt binnen weniger Sekunden durch den Lernserver. Nach der Analyse der Fehlschreibungen sind die wichtigsten Ergebnisse in Form eines **individuellen Leistungsprofils** postwendend online und als PDF-Dokument abrufbar. Auch ist ein Vorschlag für eine **Förderstrategie** mit den jeweils zu fördernden Bereichen (Förderplan) online einsehbar. Die entsprechenden Durchführungshinweise und Lesevorlagen liegen den Testbögen bei.

Auf Basis der Diagnose werden für jedes Kind individuell **Fördermaterialien** in Form von Arbeitsblättern mit Lösungen, Erklärungen, Fördervorschlägen, Wortlisten, Spielideen, Hör- und Sprechübungen sowie zahlreichen weiteren Übungsformen zusammengestellt.

Münsteraner Rechtschreibanalyse
TESTBÖGEN & DIAGNOSE

Die MRA liegt für folgende Klassenstufen vor:

Klasse 1/2	Best.-Nr. **4615**	Dieser Test überprüft die Rechtschreibkenntnisse umfassend. Die beiden letzten Bände sind auch in höheren Klassen einsetzbar.
Klasse 2/3	Best.-Nr. **4616**	
Klasse 3/4	Best.-Nr. **4617**	
Klasse 4/5	Best.-Nr. **4618**	
Klasse 5/6 +	Best.-Nr. **4619**	

Auer BESTELLCOUPON Auer

Ja, bitte senden Sie mir/uns

___ Expl. ______________________ Best.-Nr. ________

___ Expl. ______________________ Best.-Nr. ________

___ Expl. ______________________ Best.-Nr. ________

___ Expl. ______________________ Best.-Nr. ________

___ Expl. ______________________ Best.-Nr. ________

___ Expl. ______________________ Best.-Nr. ________

___ Expl. ______________________ Best.-Nr. ________

mit Rechnung zu.

Bequem bestellen direkt bei uns!
Telefon: 01 80/5 34 36 17
Fax: 09 06/7 31 78
E-Mail: info@auer-verlag.de

Bitte kopieren und einsenden an:

Auer Versandbuchhandlung
Postfach 11 52
86601 Donauwörth

Meine Anschrift lautet:

____
Name/Vorname

____
Straße

____
PLZ/Ort

____
E-Mail

____
Datum/Unterschrift

Kreative Impulse für die Unterrichtsgestaltung

lernserver – das Original!

Interaktive Förderdiagnostik

Mehr Infos unter www.lernserver.de

Fördermappen für die Klassen 2/3

Umlautableitung
104 S., DIN A4, kart. Best.-Nr. **4625**

Auslautableitung
108 S., DIN A4, kart. Best.-Nr. **4626**

Betonung
96 S., DIN A4, kart. Best.-Nr. **4627**

Dopplung
88 S., DIN A4, kart. Best.-Nr. **4628**

S-Laute
80 S., DIN A4, kart. Best.-Nr. **4629**

Groß- und Kleinschreibung
Ca. 180 S., DIN A4, kart. Best.-Nr. **4631**

Rechtschreiben verstehen und üben! Die liebevoll illustrierten **Arbeitsblätter** der einzelnen **Fördermappen** bieten effektive Übungen, Rätsel und Spiele. Sie sind einseitig bedruckt sowie perforiert und können den Kindern nach und nach ausgeteilt werden. Die dazugehörigen **Lösungsblätter** können der Selbstkontrolle oder der Kontrolle durch die Lehrkraft dienen. Ergänzt werden die Fördermappen durch hilfreiche **Hinweise für Lehrer/-innen und Eltern**.
Geeignet für Unterricht, Fördergruppen, Nachhilfe oder häusliche Förderung.

Unterrichtsentwürfe für die Klassen 5/6

Band 1: Betonung

88 S., DIN A4, kart. Best.-Nr. **4632**

Mit den Lernserver-Unterrichtsentwürfen für den Deutschunterricht der Klassen 5/6 können Sie auch im Klassenverband auf den bewährten **förderdiagnostischen** Lernserver-Ansatz zurückgreifen. Der **erste Band der Unterrichtsreihe zur Betonung** bietet konkrete, praxiserprobte Stundenverlaufspläne zu sechs Unterrichtsstunden. Zu jeder Stunde gibt es komplett ausgearbeitete Arbeits- und Folienblätter als Kopiervorlagen. Im Mittelpunkt steht dabei die kindgerechte Vermittlung des Betonungsprinzips, dessen Verinnerlichung unverzichtbar für den Aufbau von Rechtschreib-Kompetenzen ist.

Ursula Lassert

Rechtschreiben – aber wie?

Ein Lehrgang für die Jahrgangsstufe 4

64 S., DIN A4, kart. Best.-Nr. **3006**

Die Blätter zur Rechtschreibung helfen auf schnelle und einfache Art richtig schreiben zu lernen. Einen besonders breiten Raum nehmen die Veränderungen nach der Rechtschreibreform ein. Jedes Blatt ist eine abgeschlossene Einheit und kann neben anderem Unterrichtsmaterial eingesetzt werden. Die Themen: Groß-/Kleinschreibung, Getrennt-/Zusammenschreibung, Laut-Buchstaben-Zuordnungen, Wortbildung, Worttrennung am Zeilenende, Zeichensetzung.

Auer BESTELLCOUPON Auer

Ja, bitte senden Sie mir/uns

___ Expl. ______________________ Best.-Nr. ______
___ Expl. ______________________ Best.-Nr. ______
___ Expl. ______________________ Best.-Nr. ______
___ Expl. ______________________ Best.-Nr. ______
___ Expl. ______________________ Best.-Nr. ______
___ Expl. ______________________ Best.-Nr. ______
___ Expl. ______________________ Best.-Nr. ______

mit Rechnung zu.

Bequem bestellen direkt bei uns!
Telefon: 01 80/5 34 36 17
Fax: 09 06/7 31 78
E-Mail: info@auer-verlag.de

Bitte kopieren und einsenden an:

Auer Versandbuchhandlung
Postfach 11 52
86601 Donauwörth

Meine Anschrift lautet:

____
Name/Vorname

____
Straße

____
PLZ/Ort

____
E-Mail

____
Datum/Unterschrift